D1746548

Eisenbahn am Mittelrhein

Rhein, Ahr, Lahn und Mosel

Impressum

HEEL Verlag GmbH
Gut Pottscheidt
53639 Königswinter
Tel.: 02223 9230-0
Fax: 02223 9230-26
E-Mail: Info@heel-verlag.de
Internet: www.heel-verlag.de
© 2011 HEEL Verlag GmbH, Königswinter

Alle Rechte der Vervielfältigung und Verbreitung einschließlich Film, Funk und Fernsehen sowie der Fotokopie und des auszugsweisen Nachdrucks vorbehalten. Wir sind bei der Auswahl der Fotos mit Umsicht vorgegangen, um keine Rechte Dritter zu verletzen. Falls dies dennoch geschehen sein sollte, bittet die Redaktion um kurze Nachricht.

Verantwortlich für den Inhalt:
Udo Kandler

Lektorat:
Joachim Hack

Gestaltung, Satz und Lithographie:
Ralf Kolmsee
F5 Mediengestaltung
Königswinter

Printed in Czech Republic

ISBN 978-3-86852-498-7

Quellenangaben

BP Benzin- und Petroleum-Gesellschaft m.b.H. (Hrsg.):
Kursbuch für Wagen und Magen. Hamburg o.J.

Kandler, Udo: *Eisenbahn im Moseltal.*
Sonderausgabe II/91 des Eisenbahn-Journals. Fürstenfeldbruck 1991

ders. *Eisenbahn wie auf einer Ansichtskarte.*
Die linke Rheinstrecke. In: Lok Magazin 2/2007

ders. *Eisenbahn wie gemalt. Die rechte Rheinstrecke.*
In: Lok Magazin 10/2007

ders. *Gegen die „eitle französische Nation".*
In: Lok Magazin 10/2006

ders. *150 Jahre Linke Rheinstrecke.*
In: Eisenbahn-Kurier 6/2009

ders. *Die linke Rheinstrecke.*
Sonderausgabe III/93 des Eisenbahn-Journals. Fürstenfeldbruck 1993

ders. *Die rechte Rheinstrecke.*
Sonderausgabe III/92 des Eisenbahn-Journals. Fürstenfeldbruck 1992

Fotos: Udo Kandler (163 Abb.)
Michael Schulz (S. 27 oben, 78 und 132/133)
Steckenkarte S. 174/175: Sammlung Udo Kandler

Titelbild: Das Mittelrheintal ist nicht nur bekannt für seine beiderseits des Stroms verlaufenden Schienenwege, sondern vor allem auch wegen der vielen Sehenswürdigkeiten. Auf den Höhen des Mittelrheins zwischen Bonn, Koblenz und Bingen beziehungsweise Rüdesheim reihen sich alleine mehr als 30 Burgen und Schlösser aneinander. Die oberhalb der Stadt Braubach hoch über dem Rhein thronende Marksburg ist eine davon. Seit 2002 ist sie Teil des UNESCO-Welterbes Oberes Mittelrheintal und gemäß der Haager Konvention ein besonders schützenswertes Kulturgut. Auf der Fahrt von Koblenz nach Wiesbaden hat am 21. September 2003 diese RegionalBahn im typischen Erscheinungsbild der Deutschen Bahn mit der Frankfurter 143 923 das ehrwürdige Bauwerk gerade erst hinter sich gelassen. Die Marksburg als Sinnbild für Beständigkeit, gehören derartige RegionalBahn-Wagenzüge ganz im Gegensatz dazu auf dem südlichen Abschnitt der rechten Rheinstrecke längst schon wieder der Vergangenheit an.

Rücktitel: Dem „Vater Rhein", wie der deutscheste aller Flüsse gerne auch genannt wird, steht die Mosel in nichts nach. Das Seitental des Mittelrheins mit seinen weithin bekannten Weinlagen vermag den Freund guter Rebensäfte genauso wie den Rad- und Fußwanderer, aber auch den Wassersportler in seinen Bann ziehen. Die Fahrgäste des saisonal freitags verkehrenden F 79897 Rheine – Hetzerath haben mit alldem wenig im Sinn; deren Ziel ist es, sich am Wochenende mal ordentlich die Kante zu geben. Beliebt ist die unter Eisenbahnfreunden als „Säuferzug" bekannte Leistung wegen der oft unterschiedlichen Ellok-Bespannung. Am 9. Juni 2006 war es die DB-Museumslok E 10 121, der man vor dem „Säuferzug" den nötigen „Auslauf" verschaffte. Festgehalten aus einem Weinhang nahe Löf, den Blick über den Flusslauf auf den Moselort Alken und die oberhalb thronende Burg Thurant gerichtet.

Vorsatz: Die weithin sichtbare Pfarrkirche St. Johann in den Weinbergen von Hatzenport gibt der kleinen Moselgemeinde einen unverwechselbaren Bezugspunkt. Am Fuß der Rabenlay überholt hier die 181 211 mit dem IC 433 das Motorschiff „Heinrich Heine". Der 21. September 2007 zeigte sich genau so, wie man sich auf einer Flusskreuzfahrt einen lauen Spätsommertag vorzustellen hat. Vom Sonnendeck der 107 Meter langen MS „Heinrich Heine" erleben die Passagiere in entspannter Atmosphäre die Mosellandschaft dann auch aus der nur bei einer Flusskreuzfahrt sich darbietenden Rundum-Perspektive.

Nachsatz: Auf der dem Rheintal abgewandten Seite des Siebengebirges, das den nördlichen Punkt des Mittelrheintals markiert, tangiert die Schnellfahrstrecke Köln – Rhein/Main das Betrachtungsgebiet dieser Publikation. Der pfeilschnelle ICE-3-Triebwagen, der am 9. Juni 2003 bei Aegidienberg vorüberjagt, gewährt seinen Reisenden auf der Fahrt über die Betonpiste kaum eines freien Landschaftsblickes. Einschnitte, Tunnels sowie Lärm- und Windschutzwände versperren die Sicht. Ganz im Gegensatz dazu die Strecken im nahen Rheintal, wo sich die landschaftlichen Highlights wie Perlen an einer Kette reihen. Unterschiedlicher kann Bahnfahren kaum sein.

Streckenkarte S. 174/175: Bei dieser Karte handelt es sich um eine historische Vorlage aus den dreißiger Jahren. Sie zeigt die Eisenbahn am Mittelrhein in ihrer größten Ausdehnung. Neben den beiden Strecken links und rechts des Rheins, den Schienenwegen an Ahr, Mosel und Lahn ist darüber hinaus eine Vielzahl von Bahnverbindungen vorhanden, die mitunter schon sehr lange von der Bildfläche verschwunden sind. Die Regionen zwischen den noch existenten Hauptbahnen stellen sich heute oft als weiße Flecken auf der Landkarte dar und verdeutlichen bei aller Faszination der Eisenbahn am Mittelrhein gleichzeitig deren dramatischen Rückzug aus der Fläche.

Seite 176: In Bingen endet unsere Reise mit der Eisenbahn durch das Mittelrheingebiet. Dort, wo geographisch das Obere Mittelrheintal endet oder aber – je nach Blickrichtung – seinen Anfang nimmt. Für die Bahn in etwa beim Bahnhof Bingen (Rhein) Stadt, den die 120 156 (Bw Nürnberg West) vor dem IC 620 „Konsul" Nürnberg – Hamburg gerade hinter sich gelassen hat, deren Einfahrbereich am 24. September 1994 noch diese sehenswerte Signalbrücke schmückte.

Udo Kandler

Eisenbahn am Mittelrhein

Rhein, Ahr, Lahn und Mosel

HEEL

Eisenbahn am Mittelrhein – **Rhein, Ahr, Lahn und Mosel**

Kulturlandschaft par excellence

Von alters her finden die Verkehrsströme am Mittelrhein zu einer unvergleichlichen Symbiose. Neben dem Flusslauf selbst sind es die beiderseits durch die bezaubernde Landschaft des Oberen Mittelrheintals führenden Schienenwege, die trotz der schwierigen topographischen Gegebenheiten am Rheindurchbruch durch das Rheinische Schiefergebirge einen wichtigen Verkehrskorridor entstehen ließen. Geradezu selbstredend ist die Bedeutung des Rheins als internationale Wasserstraße, die zu den verkehrsreichsten unseres Kontinents gehört. Zugleich hat der Fremdenverkehr hier eine seiner Wiegen.

Die zahllosen Weinorte in den Flusstälern von Rhein, Ahr, Lahn und Mosel ziehen die „Sommerfrischler" seit jeher in ihren Bann. Und das lange bevor das Reisen durch die Eisenbahn überhaupt erst „salonfähig" wurde. Wo immer man auch am Mittelrhein mit seinen Seitentälern den Zug verlässt, man befindet sich mittendrin in Deutschlands interessantester Flüsse-Region. Immer auch begleitet von einem der bekannten Weinbaugebiete. So ist das Mittelrheingebiet untrennbar mit den Rebensäften verbunden. Der Blaue Burgunder von der Ahr beispielsweise, der Klassiker unter den Rotweinsorten, soll es der Überlieferung nach den Kölnern schon seit langem besonders angetan haben, sicherlich auch wegen der Nähe zur Domstadt und der bequemen Erreichbarkeit per Bahn: „Wer an der Ahr war und weiß, dass er an der Ahr war, war nicht an der Ahr. Wer aber an der Ahr war und weiß nicht, dass er an der Ahr war, der war an der Ahr."

Ungeachtet der touristischen Betrachtungsweise, nahm die Verkehrserschließung des Mittelrheingebiets durch die Eisenbahn erstaunlich lange Zeit in Anspruch. Nicht nur die Schiffe auf dem Rhein befanden sich in schwierigem Fahrwasser und mussten an den Engstellen so manche Klippe umschiffen, im übertragenen Sinne war dies für den Werdegang der Eisenbahn umso zutreffender. Welche Bedeutung vor allem die Strecken am Rhein erlangen sollten, zeichnete sich zwar schon zur Gründerzeit der Eisenbahn ab, nur kam es anfangs einmal anders. Wie so oft wurden zunächst denkbar unterschiedliche Interessen verfolgt. Die linke Rheinstrecke hat ihren Ursprung gar bei der rührigen Bonn-Cölner Eisenbahn-Gesellschaft, die im Februar 1844 den Zugbetrieb zwischen Dom- und Beethovenstadt aus rein lokaler Motivation aufnahm. An eine mögliche übergeordnete Bedeutung in der Funktion einer Magistrale innerhalb des deutschen Schienennetzes war in dieser Phase schon der politischen Umstände wegen nicht zu denken. Die großen Bahngesellschaften, allen voran die Rheinische Eisenbahn mit Sitz in Köln, taten sich zunächst schwer, überhaupt die Bedeutung der Eisenbahn am Mittelrhein umfänglich anzunehmen.

Zum einen gab es die glühenden Verfechter der Eisenbahn im Rheintal, zum anderen die erbitterten Gegner wie etwa die Lobbyisten der Rheinschifffahrt, die in der Eisenbahn sowieso nur eine Konkurrenz sahen. Und natürlich die Militärs mit ihren strategischen Bedenken einer verkehrsmäßigen Erschließung des Rheintals durch die Eisenbahn, könnte doch hier ein Schienenweg schlimmstenfalls dem Feind zum Vorteil gereichen. Ohne deren Zustimmung ging im alten Preußen per se herzlich wenig. An Privatinitiativen hatte es jedenfalls nicht gefehlt. Die Cöln-Bonner Eisenbahn-Gesellschaft vermochte mit eigener Kraft gerade noch die Verlängerung bis Rolandseck zu Beginn des Jahres 1856 zu verwirklichen, bevor sie von der allmächtigen Rheinischen Eisenbahn-Gesellschaft geschluckt wurde und die linksrheinische Weiterführung plötzlich eine ungeahnte Eigendynamik entwickelte, und die Rheinstrecke binnen kurzer Zeit in den Jahren 1858/59 bis zur preußisch-hessischen Grenze bei Bingerbrück, mit dem Anschluss an die Hessische Ludwigsbahn nach Mainz, fertig wurde.

Auf der gegenüber liegenden Seite war es derweil die Eisenbahn des Herzogtums Nassau, die sich um die rechtsrheinische Erschließung des Rheintals bemühte, in den Jahren 1856 und 1862 den Weg frei machte zwischen Wiesbaden und Oberlahnstein. Zugleich wurde zwischen 1860 und 1863 quer durch das Herzogtum, immer dem Lauf der Lahn folgend, bis zur preußischen Exklave nach Wetzlar das Projekt der Lahntalbahn verwirklicht. Ausgerechnet das kleine Nassau hatte darüber hinaus auch die Wichtigkeit einer rechtsrheinischen Fortsetzung von Oberlahnstein in Richtung Köln erkannt, wurde aber von der wenig einsichtigen Haltung Preußens ausgebremst. Erst nach dem Deutschen Krieg von 1866, der die Annexion Nassaus durch Preußen zur Folge hatte, sollte sich auch in dieser Hinsicht etwas bewegen. Nun glaubten das Königreich Preußen und die Rheinische Eisenbahn-Gesellschaft die Wichtigkeit einer weiteren durchgehenden Verbindung entlang des Rheins, parallel der Bahnlinie am linken Ufer, erkannt zu haben. So ging bis 1871 endlich auch das seit langem geforderte nördliche Teilstück der rechten Rheinstrecke zwischen Niederlahnstein und Troisdorf umfänglich in Betrieb, mit dem Anschluss an die Deutz-Gießener Eisenbahn, die den Weg nach Köln frei machte.

Vor allem für den Güterverkehr entwickelte sich die rechte Rheinstrecke innerhalb kürzester Zeit zu einer wichtigen Verkehrsachse. Der linken Seite fiel derweil der Part des hochwertigen Reisezugverkehrs zu.

Die Garnisonsstadt Koblenz, auf halbem Weg zwischen Köln und Mainz gelegen, entwickelte sich, der topografisch günstigen Lage am Zusammenfluss von Rhein und Mosel wegen, zu einem wichtigen Bahnknoten. Wesentliche Voraussetzungen hierfür waren früh durch die Verbindungsbahn von Oberlahnstein via Pfaffendorfer Brücke nach Koblenz im Jahr 1864 geschaffen worden. Zunächst mit der regionalen Aufgabe, die Verkehrsrelation zwischen dem Südabschnitt der rechten Rheinstrecke und der Lahntalbahn sowie der linksrheinischen Rheintalbahn herzustellen.

Der siegreiche Deutsch-Französische Krieg von 1870/71, der dem neu gegründeten Deutschen Reich Elsaß-Lothringen einbrachte, ließ den Eisenbahnbau in neue Dimensionen vorstoßen. In diesem Krieg hatte sich die strategische Bedeutung der Eisenbahn herausgestellt, als es darum ging, die Truppen mit deren Hilfe schnell an die Westfront zu werfen. Schnelle Truppenbewegungen waren der Schlüssel zum Erfolg, mit dem man Kriege zu gewinnen glaubte. Unter diesem Eindruck und vor dem Hintergrund, den Erzfeind Frankreich im Zaum halten zu müssen, musste aus der Preußen-Hochburg Berlin gen Westen nach Metz eine unmittelbare Eisenbahnverbindung her. Die so genannte „Kanonenbahn" war geboren. Unter Berücksichtigung vorhandener, in Ost-West-Richtung ausgerichteter Strecken (z.B. Lahntalbahn), die es durch Verbindungsbahnen unmittelbar miteinander zu verknüpfen galt (im Gegensatz zur ursprünglich gedachten Planung, die einen weitgehenden Neubau der „Kanonenbahn" vorsah), stellte das Teilstück der Moselstrecke Koblenz – Ehrang mit dem Abschnitt an der Obermosel (Ehrang – Trier – Perl) tatsächlich auch einen Streckenneubau der rund 800 Kilometer langen „Kanonenbahn" dar.

In dieser Phase keimte das allgemeine Interesse an der seit Mitte der 1850er Jahre geforderten Bahn entlang der Mosel auf. Die Rheinische Eisenbahn-Gesellschaft, die lange keine Ambitionen zeigte, witterte unter den veränderten Vorzeichen einer staatlich forcierten Bahn eine lukrative Möglichkeit, ihren Einflussbereich auf Staatskosten zu erweitern und war nun an der möglichen Bauausführung sehr interessiert. Da der Bahnbau unter rein militärischen Gesichtspunkten zu erfolgen hatte und etwaige Verzögerungen durch pivatwirtschaftliche Interessen vermieden werden sollten, kam eine solche Beteiligung an dem Projekt nicht in Betracht. Der Bau erfolgte unter der Leitung der Preußischen Staatsbahn, vertreten durch die Königliche Eisenbahn-Direction zu Saarbrücken. Nach der Betriebsaufnahme 1878 an der Obermosel kam im Jahr darauf die Moselstrecke hinzu. Mit der gleichzeitigen Verknüpfung der in Koblenz bestehenden Strecken durch den neuen Horchheimer Rheinübergang und der unmittelbaren Anbindung der Moselstrecke an die Lahntalbahn, war das Projekt der „Kanonenbahn" umfänglich fertiggestellt worden.

Wegen der vielen Kunstbauten bildete die Moselstrecke das mit Abstand kostspieligste Teilstück der gesamten „Kanonenbahn". Es galt sechs Tunnels mit einer Gesamtlänge von 6845 Metern, drei Moselbrücken bei Güls, Eller und Bullay sowie den Pündericher Hangviadukt zu realisieren. Das absolute Mammut-Bauwerk stellte der zwischen Cochem und Eller durch den Bergrücken des Cochemer Krampen – den die Mosel in einer rund 22 Kilometer langen Schleife umfließt – getriebene Kaiser-Wilhelm-Tunnel mit seiner Länge von 4205 Metern dar. Er blieb dann auch mehr als über ein Jahrhundert Deutschlands längster zweigleisiger Regelspurtunnel.

Zwischen 1880 und 1888 kam auch die Erschließung des zerklüfteten Ahrtals von Remagen über Ahrweiler nach Adenau zustande. Ebenfalls von der linken Rheinstrecke abzweigend, war kurz zuvor 20 Kilometer weiter südlich die in Andernach abzweigende Strecke durch die Pellenz nach Mayen in den Jahren 1878/80 eröffnet worden, mit der Weiterführung 1895 in die Vulkaneifel nach Gerolstein.

Ferner brachte die schwierige Topographie am Mittelrhein zwei Steilstrecken hervor. Zum einen rechtsrheinisch von Linz die Nebenbahn nach Flammersfeld im Jahr 1912 und zum anderen im Oberen Mittelrheintal von Boppard in den Hunsrück nach Simmern, die zwischen 1901 und 1908 realisierte Hunsrückbahn. Dass beide Steilstrecken erhalten geblieben sind, muss als glücklicher Umstand gewertet werden: Der heute als Touristenbahn betriebene Ast von Linz (Rhein) nach Kalenborn im Saisonverkehr und die Teilstrecke von Boppard nach Emmelshausen, die heute im Verbund des Rheinland-Pfalz-Taktes als letzte deutsche Steilstrecke im öffentlichen Personennahverkehr bedient wird. Als liebenswertes „Anhängsel" soll auch Deutschlands älteste Zahnradbahn nicht unberücksichtigt bleiben, die seit 1883 von Königswinter auf den Drachenfels führt.

Weitergehende Strecken, die dereinst das Mittelrheingebiet tangierten, heute aber nicht mehr existieren oder deren Verkehrsbeziehung das Betrachtungsgebiet nicht unmittelbar tangieren, sind nicht Gegenstand dieser Publikation. Vielmehr beschränken sich die Abbildungen auf die heute noch im Regelverkehr bedienten Strecken. Der Zeitraum der Aufnahmen erstreckt sich im Wesentlichen über die Zeitspanne der beiden zurückliegenden Jahrzehnte. Währenddessen hat sich bei der Eisenbahn wahrlich viel getan; leider nicht nur zum Besten. Fluch und Segen liegen bekanntlich oft dicht beieinander: Die sich mehr und mehr ausbreitenden Lärmschutzwände mögen für die Streckenanrainer ein Segen sein, aus landschaftsästhetischer Sicht stellen sie eine nicht von der Hand zu weisende Beeinträchtigung dar. Besonders wenn sie in sensiblen Landschaftsräumen wie dem Rhein- und Moseltal für eine unübersehbare Disharmonie sorgen. Kommt dann noch die Graffitiproblematik hinzu, was allzu oft der Fall ist, darf der Begriff der optischen Umweltverschmutzung erlaubt sein.

Dessen ungeachtet, stellen sich die Triebfahrzeugeinsätze, von wenigen Ausnahmen abgesehen, heute ganz anders dar als noch vor rund zwei Jahrzehnten. Die Liberalisierung des europäischen Eisenbahnmarktes, die den Weg frei machte für die privaten Eisenbahnverkehrsunternehmen, lässt mittlerweile die Eisenbahn beileibe nicht nur in unserem Betrachtungsgebiet im wahrsten Sinne des Wortes bunter erscheinen. Die engen Strukturen zu Zeiten der Deutschen Bundesbahn und in den Anfangsjahren der

Deutschen Bahn AG mit den klar strukturierten Triebfahrzeugeinsätzen sind einer bunten Vielfalt mit denkbar unterschiedlichen Fahrzeugen gewichen. Bei einer derart hohen Zugdichte, wie sie an Rhein und Mosel vorherrscht, kann einem hier mittlerweile beinahe alles über den Weg fahren, was eine Zulassung für das deutsche Schienennetz hat. Der vorliegende Bildband zielt ganz bewusst auf die eher klassische Sichtweise der Fahrzeugeinsätze im Einklang mit der Landschaft ab, die Eisenbahn als Bestandteil gewachsener Strukturen begreifend, die Fahrzeuge im typischen Umfeld der Flüsse-Region zeigend, ohne Gewichtung etwaiger Fahrzeugtypen.

Eine der einschneidenden Veränderungen seit der durchgängigen Elektrifizierung der linken Rheinstrecke Ende 1958 bedeutete die symbolische Inbetriebnahme der Schnellfahrstrecke Köln – Rhein/Main am 25. Juli 2002. Die Neubaustrecke ist als Bestandteil der ICE-Linien im Nord-Süd-Fernverkehr an die Stelle der historisch gewachsenen Verbindung durch das Rheintal getreten, womit es dort allerdings lediglich im hochwertigen Reisezugverkehr etwas ruhiger geworden ist. Ansonsten hat linksrheinisch der Güterverkehr massiv zugenommen – Tendenz weiter steigend. Als weiterer Höhepunkt wurde zum selben Zeitpunkt, am 27. Juli 2002, offiziell das Obere Mittelrheintal von Koblenz bis Rüdesheim und Bingen als zusammenhängende Kulturlandschaft als UNESCO-Weltkulturerbe anerkannt. Trotz dieser mehr als verdienten Auszeichnung konnte im Oberen Mittelrheintal die Abwärtsspirale beim Tourismus offensichtlich nicht aufgehalten werden, so war dann auch schnell die lärmende Bahn als entscheidender Stein des Anstoßes ausgemacht.

Dass trotz des ungeheuren Potenzials womöglich einfach nur die Zeichen der Zeit verkannt wurden und der Schlüssel zum Erfolg nicht beim Massentourismus liegt, das scheint im Oberen Mittelrheintal nicht wirklich angekommen zu sein. Die Zukunft gehört unverkennbar dem sanften, anspruchsvollen Tourismus. Der Erfolg des rechtsrheinischen Rheinsteigs zeigt die Richtung auf. Als Fernwanderweg erstreckt er sich zwischen Bonn, Koblenz und Wiesbaden über 320 Kilometer, mit landschaftlichen Eindrücken, die haften bleiben. Das als Königsetappe propagierte Teilstück des Rheinsteigs zwischen St. Goarshausen und Kaub (was genau genommen für den gesamten Abschnitt im Oberen Mittelrheintal zutreffend ist) bietet atemberaubende Einblicke in das tief eingeschnittene Rheintal mit der Eisenbahn als festen Bestandteil einer einmaligen Kulturlandschaft. Und das seit nunmehr schon über anderthalb Jahrhunderten!

Wachtberg, im Juli 2011
Udo Kandler

Foto Seite 4: Harmonie zwischen Natur und Technik: Telegrafenmast mit Hopfenbewuchs bei Dernau. Erst jüngst wurde nun die Telegrafenleitung als eines der letzten Relikte alter Eisenbahninfrastruktur auch entlang der Ahrtalbahn entfernt.

Foto linke Seite: Stellwerk Balduinstein Ost „Bo" (Baujahr 1913) in den letzten Betriebstagen zu Beginn des 21. Jahrhunderts; ein großes Lob gebührt dem Verein „ArGe Mechanisches Stellwerk e.V.", der dieses Juwel vor dem Abriss bewahren konnte!

Foto oben: Die Eisenbahn im Wandel der Zeit. Der Fachwerkbahnhof aus der Gründerzeit und das entsprechend den veränderten Bedürfnissen 1907 erbaute Bahnhofsgebäude in Winningen an der Mosel.

Foto Seite 8/9: Ausgangspunkt unserer Reise auf den Gleisen der Bahn an Rhein, Ahr, Lahn und Mosel ist das Untere Mittelrheintal oberhalb der Bundesstadt Bonn im rechtsrheinischen Stadtbezirk Oberkassel. Vom linksrheinischen Ufer bei Bad Godesberg ergab sich diese Szenerie vor dem Hintergrund des ehemaligen Basaltbruchs an der Rabenley mit der orange-kieselgrauen Düsseldorfer „Schnapszahllok" 111 111. Am Abend des 27. September 1987 galt es außerhalb des Einsatzgebietes der S-Bahn Rhein-Ruhr für die im entsprechenden S-Bahn-Look gehaltene Maschine den N 6363 zwischen Köln und Koblenz zu bespannen.

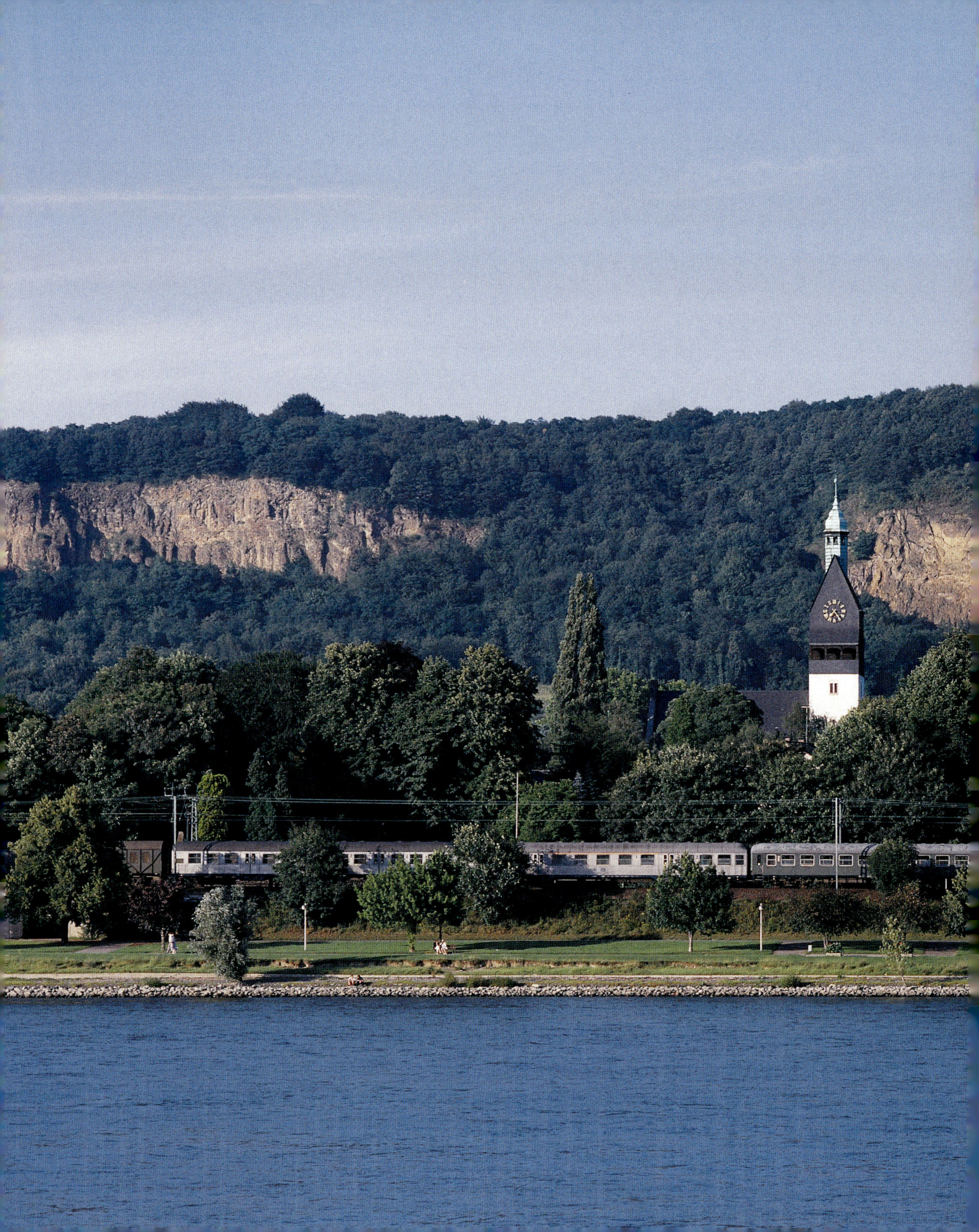

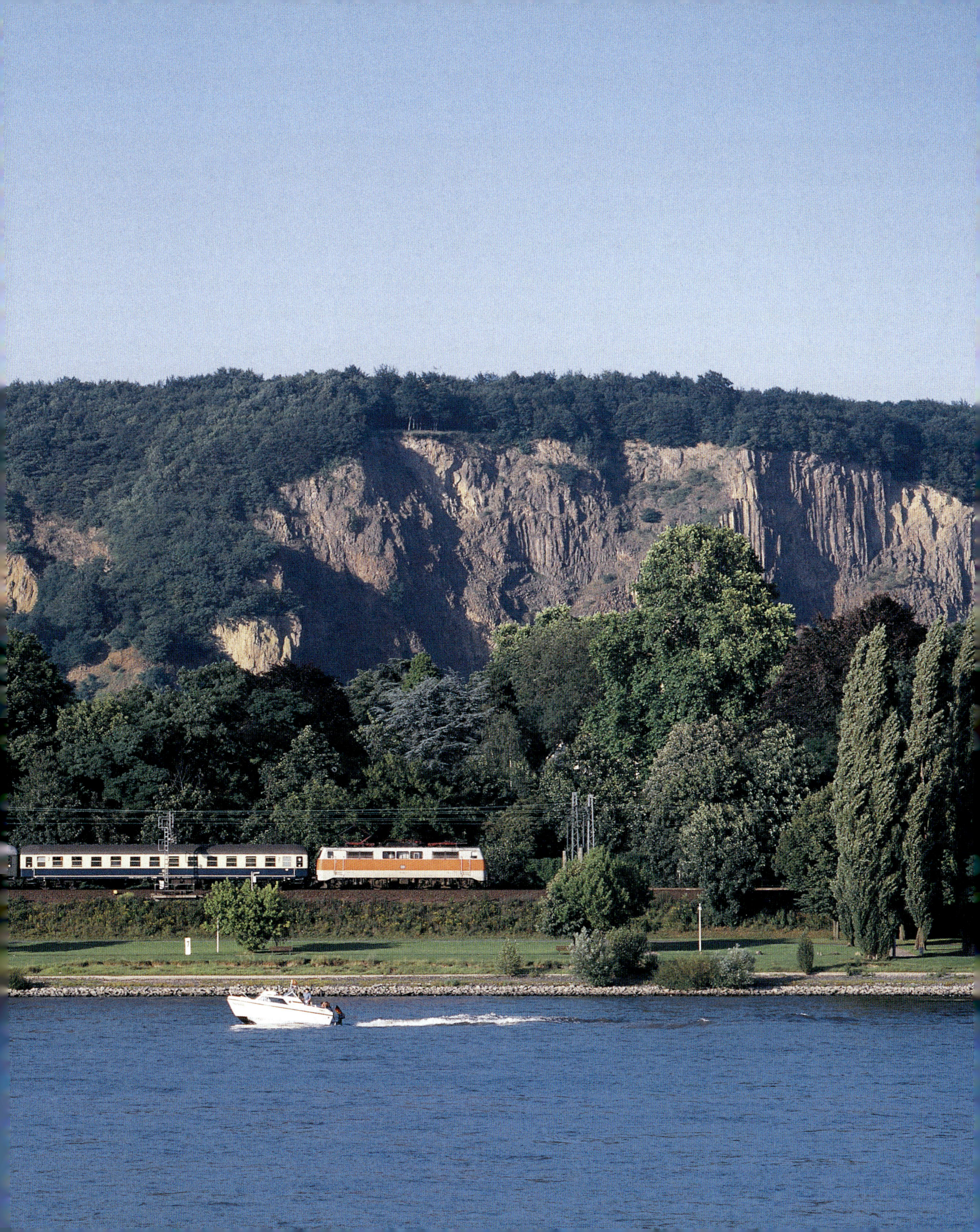

Linke Rheinstrecke

Wenige Tage darauf war es die 1116 022, die am 4. März 2003 den EC 23 „Johann Strauß" bei Rolandswerth anführt. Die Böschung am Bahndamm hatte man zur Freude des Fotografen kurz zuvor gerodet, wodurch sich vor dem Hintergrund des Siebengebirges der uneingeschränkte Blick auf die Bahn ergibt. Allerdings sollte die Freude darüber von nur kurzer Dauer sein, denn schon bald wurde im Ortsbereich mit der Lärmsanierung der Bahn und dem Aufstellen der Schallschutzwände begonnen.

10 Eisenbahn am Mittelrhein – **Rhein, Ahr, Lahn und Mosel**

Foto linke Seite: In Bonn-Mehlem passiert eine reinrassige ÖBB-Zuggarnitur den unmittelbar an der südlichen Stadtgrenze der Bundesstadt gelegenen Bahnübergang „Neuer Weg". Geführt wird der EC 23 „Johann Strauß" mit dem Laufweg Köln – Wien Westbahnhof am 27. Februar 2003 von der österreichischen 1116 016, während am Zugschluss ein weiterer Taurus der Baureihe 1116 mitläuft. Eine derart unwirtschaftliche Zugbespannung ist alleine dem Umstand geschuldet, dass der EC 23 nicht als Wendezug gefahren werden konnte und im Frankfurter Hauptbahnhof beim Kopfmachen der IC/EC-Züge ein Lokwechsel nicht mehr vorgesehen ist. Der Schrankenposten in Bonn-Mehlem wurde übrigens als ehedem letzter seiner Art an der linken Rheinstrecke zwischenzeitlich automatisiert.

Was wäre das Siebengebirge (von links) ohne Petersberg, Drachenburg und Drachenfels? Leider ist diese prächtige Ansicht heute so nicht mehr umsetzbar. Ein zwischenzeitlich auf dem Grundstück im Vordergrund errichtetes Einfamilienhaus und eine in diesem Bereich aufgestellte Lärmschutzwand lassen den ungetrübten Fotografenblick nicht mehr zu. Dafür wurde jüngst endlich das Drachenfels-Restaurant, der in Beton gegossene Schandfleck aus den siebziger Jahren, abgerissen. Vorher aber ließ sich am 10. April 1993 an der Landesgrenze zwischen Nordrhein-Westfalen und Rheinland-Pfalz bei Rolandswerth noch die 120 105 mit dem IC 615 „Drachenfels" Münster (Westf) – München auf Höhe des namengebenden Mittelgebirges verewigen.

Rechte Rheinstrecke

12 Eisenbahn am Mittelrhein – **Rhein, Ahr, Lahn und Mosel**

Drachenfelsbahn

Das gegenüber von Bonn am Fuße des Drachenfels gelegene Königswinter ist ein durch und durch vom Tourismus geprägtes Rheinstädtchen. Die mitten durch den Ort führende Bahntrasse wird bei den vielen Zugfahrten von den Anwohnern wie auch den Touristen eher als störend empfunden. Wer hat noch nicht an der geschlossenen Schranke zwischen Altstadt und Drachenfelsbahn warten müssen? Einen Steinwurf weit davon passiert hier die schwarze Dispolok ES 64 F4-999 der ERS Railways B.V. am 29. Mai 2009 mit einem Containerzug, dessen Wagen den nahen schienengleichen Wegübergang an der Drachenfelsstraße längst noch nicht passiert haben, die Evangelische Christuskirche.

Nur zehn Gehminuten vom Bahnhof Königswinter entfernt, befindet sich die Talstation der Drachenfelsbahn der Bergbahnen im Siebengebirge AG. Seit 1883 fährt die älteste Zahnradbahn Deutschlands im Dienste des Ausflugs- und Touristenverkehrs auf den gleichnamigen Berg im Siebengebirge. Dem eher noch gemäßigten Touristenansturm entsprechend, reicht am 5. April 1992 der Einsatz eines solo fahrenden Triebwagens, der hier die Talstation gerade verlässt und den Fahrgästen auf dem nur 1520 Meter langen Fahrweg einen längeren Fußmarsch mit einem zu überwindenden Höhenunterschied von 220 Metern erspart.

Eisenbahn am Mittelrhein – Rhein, Ahr, Lahn und Mosel

Drachenfelsbahn

Foto rechte Seite: Licht und Schatten: Einfach urig sind die mittlerweile weit mehr als ein halbes Jahrhundert im Einsatz befindlichen Zahnradtriebwagen der Drachenfelsbahn. Sie hatten in den fünfziger Jahren die Dampftraktion abgelöst und stehen – in ihrem äußeren Erscheinungsbild weitgehend unverändert – bis heute im Einsatz. Die am 5. April 1992 vorherrschenden vorfrühlingshaften Temperaturen lockten die ersten Ausflügler auf den Drachenfels, die sich sichtlich interessiert talwärts fahren lassen. Seither hat sich viel getan, die Talstation wurde komplett umgebaut und im April 2005 offiziell der „Drachenfels Tourismus-Bahnhof" seiner Bestimmung übergeben. Damit war allerdings der Charme der Talstation ganz im Stil der Wirtschaftswunderzeit dahin. Überhaupt ist die Stadt Königswinter – wo die Zeit stehen geblieben scheint – nach Kräften bemüht, ihr Image aufzupolieren. Noch aber ist in den Gassen des Rheinstädtchens verblüffend viel vom Flair der fünfziger und sechziger Jahre erhalten geblieben. Alleine von daher lohnt ein Besuch in Königswinter! Nach der Sanierung von Schloss Drachenburg erfolgte dort auch die Neugestaltung der Mittelstation der Drachenfelsbahn. Im Zuge der Umgestaltung des Drachenfels' und dem bereits erfolgten Abriss des Restaurants wird sich bald auch die Bergstation in einem neuen Umfeld wiederfinden.

Unmittelbar nach Verlassen der Talstation geht es steil bergan. Nach wenigen hundert Metern Fahrt eröffnet sich den Fahrgästen ein prächtiger Blick auf Königswinter und das jenseits des Rheins gelegene Bonn – hier mit dem hervortretenden Gebäude des 112 Meter hohen „Langen Eugen". Erst später, in den Jahren 2000 bis 2002, entstand links davon der 162,5 Meter hohe Post-Tower mit seiner alles bestimmenden Silhouette. Das frühlingshafte Wetter lockte am 19. April 1992 bereits zahlreiche Ausflügler auf den Drachenfels, so dass die Fahrten mit jeweils zwei Elektrotriebwagen stattfinden mussten. Die Tafel rechts neben dem Gleis zeigt die in diesem Abschnitt vorherrschende Steigung von 172 Promille an.

Drachenfelsbahn

Drachenfelsbahn

Hier zeigt sich das Umfeld von Schloss Drachenburg noch weitgehend so, wie man es in Erinnerung behalten hat, wenn man dem Drachenfels einen Besuch abstattete. Das am Ende des 19. Jahrhundert im neugotischen Stil errichtete Schloss konnte sich gegenüber dem dichten Baumbestand kaum behaupten, man hat es schlicht nicht so sehr wahrgenommen. Heute hingegen präsentiert sich nach erfolgter Landschaftspflege alles deutlich übersichtlicher und ansprechender, schließlich ist vom Naturpark Siebengebirge die Rede. In der Ausweichstelle „Schloss Drachenburg" treffen lange vor den vielen Veränderungen entlang der Drachenfelsbahn am 17. Mai 1992 zwei Doppelgarnituren aufeinander – unverkennbar läuft bei dem schönen Wetter der Ausflugsverkehr auf Hochtouren.

Der Blick von der Bergstation in das Hinterland des Siebengebirges ist nur eines der Panoramen, das die Besucher zu Hunderttausenden jährlich auf den Drachenfels lockt, per Pedes oder aber ganz bequem mit der Drachenfelsbahn. Einziger Wermutstropfen war bis vor kurzem das bei der Ankunft auf dem Drachenfels alles erdrückende Restaurant in seiner abschreckenden Betonarchitektur der siebziger Jahre. Nun bleibt abzuwarten, ob sich die – nicht ganz unumstrittene – Neugestaltung des Drachenfelsplateaus mit dem Glaskubus dem Anspruch einer umsichtigen Architektur gerecht wird.

Oberhalb der Ausweichstelle führt die Drachenfelsbahn in steiler Lage über einen kleinen Steinbogenviadukt. Dem Kenner werden bei den hier gezeigten Aufnahmen sofort die seitlich noch fehlenden Drachenfelsbahn-Logos an den Triebwagen auffallen. Seit 2005 tragen sie auf jeder Seite gleich zwei dieser überdimensionierten Logos, ein stilisiertes Zahnrad mit einem Drachen darin darstellend. Damit hat sich die Bergbahnen im Siebengebirge AG wahrlich nicht mit Ruhm bekleckert, sie lassen in Verbindung mit den historischen Fahrzeugen jeden Sinn für Ästhetik vermissen. Gottlob lassen sich diese Teile ohne bleibende Schäden zu hinterlassen problemlos entfernen.

Eisenbahn am Mittelrhein – **Rhein, Ahr, Lahn und Mosel**

Linke Rheinstrecke

Der exponierten Lage wegen entstand gegenüber dem Siebengebirge im Verlauf des 19. Jahrhunderts am Berghang zwischen Bonn und Remagen manch eine prächtige Ferienvilla. Genauso auch das zwischen 1859 und 1861 erbaute Schloss Marienfels. Der Name des Schlosses geht auf die unterhalb im Fels befindliche Figur der Muttergottes zurück, die der Bauherr Eduard Frings, seines Zeichens niederrheinischer Zuckerfabrikant aus Uerdingen, einsetzen ließ. Seit Ende 2004 darf der bekannte Entertainer Thomas Gottschalk das Anwesen sein Eigen nennen. Den Insassen des Regionaltriebwagens der MittelrheinBahn erschließt sich am Morgen des 2. Juni 2009 die Pracht des mustergültig hergerichteten Schlosses bei der linksrheinischen Fahrt freilich nicht, da vom Zug aus schlicht nicht einsehbar.

Auf der Zugfahrt zwischen Bonn und Remagen trifft der Reisende in Rolandseck auf das markanteste Empfangsgebäude der linken Rheinstrecke. Heute ist der klassizistische Bau Teil des Arp-Museums. Der Ursprung liegt bei der durch die Bonn-Cölner Eisenbahn-Gesellschaft am 21. Januar 1856 in Betrieb genommene Streckenverlängerung von Bonn nach Rolandseck. Damit war Rolandseck, beliebte Sommerfrische des gutsituierten Kölner und Bonner Bürgertums, für zwei Jahre Endpunkt der Bahn geworden. Folglich musste das Empfangsgebäude entsprechend repräsentativ ausfallen. Im Zuge der RB-Linie 26 Koblenz – Köln halten hier heute die stündlich fahrenden Nahverkehrszüge der MittelrheinBahn, am 24. April 2009 vertreten durch eine Doppeleinheit des elektrischen Regionaltriebwagens vom Typ DESIRO der Baureihe 460. An den Wochenenden halten hier zusätzlich auch die Züge der Ahrtalbahn.

Linke Rheinstrecke

Linke Rheinstrecke

Das Ortsbild von Oberwinter mit seiner historisch anmutenden Bebauung und dem am Rhein gelegenen Yachthafen bilden am Nachmittag des 25. Juni 1995 den passenden Rahmen für die mit einem Güterzug vorüberfahrende 155 264. Die aus dem Ortsbild hervortretende Pfarrkirche St. Laurentius und die dahinter befindliche Kirche der evangelischen Glaubensgemeinschaft sind die markanten Bezugspunkte, genauso wie die Ruine einer ehemaligen Fabrikhalle. An deren Stelle hat sich allerdings ein Supermarkt in monotoner Einheitsbauweise etabliert, der obendrein äußerst unfotogen und wenig landschaftstypisch ein blaues Dach trägt!

Linke Rheinstrecke

Nur ein kurzes Stück weiter südlich von Oberwinter, am ehemaligen Block Arsbrücke, trifft die von Bonn verlaufende Trasse der linken Rheinstrecke ein erstes Mal unmittelbar auf den Rhein. Aus Richtung Remagen kommend, dessen Weichbild sich harmonisch in das zum Ahrtal hin weitende Rheintal einfügt, ist es die eidgenössische 421 380 mit einem gemischten Güterzug auf dem Weg nach Norden, die am 20. Juni 2007 an diesem Punkt festgehalten werden konnte. Seit der Liberalisierung des Schienengüterverkehrs gehören nicht nur die Fahrzeuge des Schweizer Logistikdienstleisters SBB Cargo auf beiden Rheinstrecken zum vertrauten Bild.

Linke Rheinstrecke

Als die Zuggattung des InterRegio bei der Deutschen Bahn noch zum gewohnten Bild gehörte ... Auf der ersten Etappe an Saar und Mosel hatte eine Maschine der Baureihe 181.2 die Beförderung des IR 2539 Saarbrücken – Bremerhaven-Lehe inne. Mit dem in Koblenz erforderlichen Fahrtrichtungswechsel setzte sich am 1. Juli 1999 die 101 078 an den Zug, um die weitere Beförderung des InterRegio zu übernehmen. Nach kurzem Zwischenstopp in jener Stadt am Rhein, die durch „Die Brücke von Remagen" weithin bekannt wurde, führt der Weg unmittelbar nach Verlassen des Bahnhofs erst einmal entlang der arg bunt rausgeputzten Häuserzeile an der Drususstraße.

Eisenbahn am Mittelrhein – Rhein, Ahr, Lahn und Mosel

Linke Rheinstrecke

Fallobst am Schienenweg: Nach dem offiziellen Ausscheiden aus dem aktiven Betriebsdienst der Deutschen Bundesbahn fristete die 01 1102 über 23 Jahre ihr Dasein in der hessischen Eisenbahnerstadt Bebra auf einem Denkmalsockel. Danach unterzog man sie im Dampflokwerk Meiningen einer betriebsfähigen Instandsetzung in den Ursprungszustand. Bei dieser Gelegenheit erhielt sie auch die rekonstruierte Stromlinienverkleidung. Entgegen der ursprünglich schwarzen Farbgebung erfolgte Anfang 1996 die Indienststellung mit einer stahlblauen Lackierung, die der Maschine alsbald den Spitznamen „Stahlhelm" einbrachte. Am spätsommerlichen Sonntag des 12. September 1999 ist die markante Erscheinung vor einem Sonderzug wieder einmal unterwegs ins weinselige Ahrtal. Das Kopfsteinpflaster ist übrigens ein Überbleibsel der alten Bundesstraße 8, als diese noch mitten durch Oberwinter führte.

Linke Rheinstrecke

Am nördlichen Stadtrand liegt oberhalb von Remagen hoch über dem Rhein die Apollinariskirche. Die 1839 auf einem Grauwackeschiefersockel weithin sichtbar, im neugotischen Stil erbaute Kirche mit ihrer Doppelturmanlage und den Fialtürmen könnte in ihrer grazilen Eleganz aus der Ferne betrachtet auch mit einem Schloss verwechselt werden. Störend wirkt vom Erpeler Rheinufer gegenüber der davor angeordnete moderne Gebäudekomplex. Wir wären nicht am Rhein unterwegs, würde nicht unterhalb die Bahn vorbeiführen, wo am 22. Juni 1995 die 103 mit dem CityNightLine EN 222 „Donau Kurier" Wien – Dortmund seinem Ziel im nördlichen Ruhrgebiet entgegen fährt. Der schnelllebigen Zeit geschuldet, wurde das gediegene Blau des Nachtreisezugs im Sinne der „Corporate Identity" längst dem einheitlichen – weniger attraktiven – weiß-roten Farbschema der Deutschen Bahn angepasst.

Foto Seite 26: Als auf der Ahrtalbahn noch die V 100 das Sagen hatte und Übergaben bei der Deutschen Bundesbahn wie selbstverständlich zum täglichen Geschäft gehörten... Zwischen den Rotweinreben bei Mayschoß strebt am 10. August 1989 die Kölner 213 333 mit der Übergabe 67710 von Hönningen kommend in Richtung Remagen. Spätestens mit dem von DB Cargo angestoßenen Sanierungsprogramm des „Marktorientierten Angebot Cargo" (MORA C) und deren Umsetzung in den Jahren zwischen 2002 und 2004 hatte das Geschäftsfeld des Einzelwagenverkehrs so gut wie ausgedient. Heute sind es eher die privaten Eisenbahnverkehrsunternehmen, die gegebenenfalls derartige Verkehrsbedürfnisse noch bedienen.

Eisenbahn am Mittelrhein – **Rhein, Ahr, Lahn und Mosel**

Ahrtalbahn

Eisenbahn am Mittelrhein – **Rhein, Ahr, Lahn und Mosel**

Obwohl die Ahrtalbahn seit Ende 2000 fest in der Hand der TALENT-Triebwagen der Baureihe 643 ist, kommt es sporadisch immer wieder auch zu Einsätzen durch ortsfremde Fahrzeuge. Etwa die am 23. Mai 2010 mit einer Wendezuggarnitur pendelnde 218, hier unterwegs bei Walporzheim als RegionalBahn 12729 Dernau – Remagen.

Auf steilem Felsen thront oberhalb von Altenahr die Burgruine Are. An deren Fuß verläuft die Ahrtalbahn auf einem Bogenviadukt, der im Zuge des zweigleisigen Streckenausbaus bis 1912 in Betonbauweise mit Natursteinverblendung entstanden war. Bei der Überfahrt am 10. Oktober 1987 hat der von 213 337 geführte Nahverkehrszug 7142 auf der Ostseite gerade erst den nur 66 Meter langen Engelsley-Tunnel verlassen. Allen Wanderfreunden sei an dieser Stelle der Rotweinwanderweg ans Herz gelegt, der in Altenahr mit dem Aufstieg zur Burgruine Are beginnt und auf dem Teilstück bis Dernau fantastische Ausblicke in das eng eingeschnittene Ahrtal mit der dort verlaufenden Ahrtalbahn gewährt.

Ahrtalbahn

Ahrtalbahn

Foto linke Seite: Während die Ahr um den Bergrücken der Engelsley eine Schleife beschreibt, führt die Bahn geradewegs hindurch. Auf der Westseite des Engelsley-Tunnels erfüllt die Garnitur des Dieseltriebwagens 643 008 am 4. April 2005 die Szenerie der senkrecht abfallenden Felswand mit Leben. Die aufgelassene Tunnelröhre links mit den Resten einer sich ehedem unmittelbar anschließenden Brücke rührt noch vom zweigleisigen Ausbau der Ahrtalbahn her. Im Zuge des zwischen Blankenheim und Remagen-Kripp eingerichteten Ahr-Radwegs wird nun auch über eine entsprechende Nutzung des Tunnels nachgedacht.

Zwischen Kreuzberg und Altenahr gilt es für die Ahrtalbahn auf Höhe der kleinen Ortschaft Altenburg einmal mehr auf einer der zahlreichen Brücken den Flusslauf der Ahr zu queren. Neben den planmäßig eingesetzten Diesellokomotiven der Baureihe 213 des Bw Koblenz-Mosel kommt auf der Ahrtalbahn am 23. April 1988 außer der Reihe vor dem N 7145 Kreuzberg (Ahr) – Bonn die 212 274 des Bw Wuppertal zum Einsatz. Dieser prächtigen Ansicht, mit der auf einem Felskegel gelegenen Burg Kreuzberg, wurde mit der bis 1996 fertig gestellten Ortsumgehung von Altenahr der Garaus gemacht. Eine protzig in der Landschaft stehende Straßenbrücke verstellt seither diese Ansicht.

Foto Seite 30/31: Zugegeben, es bedurfte einiger Ausdauer, diesen Fotopunkt oberhalb von Kreuzberg im dichten Wald ausfindig zu machen. Lohn der schweißtreibenden Kletterpartie war am Nachmittag des 2. Oktober 1987 eine phantastische Aussicht auf die das Ahrtal säumenden Eifelberge. Die 213 339 hatte sich mit dem aus drei „Silberlingen" gebildeten N 7166 gerade erst im Bahnhof Kreuzberg (Ahr) in Bewegung gesetzt und kreuzte sogleich den Lauf der Ahr. Das Erscheinungsbild des hinter der Lokomotive aufragenden Felsmassivs der Hohen Ley sollte sich beizeiten grundlegend verändern. Am frühen Morgen des 17. Februar 1988 löste sich eine rund 700 Tonnen schwere Schieferplatte, die sowohl die Bundesstraße als auch die Bahnstrecke unter sich begrub.

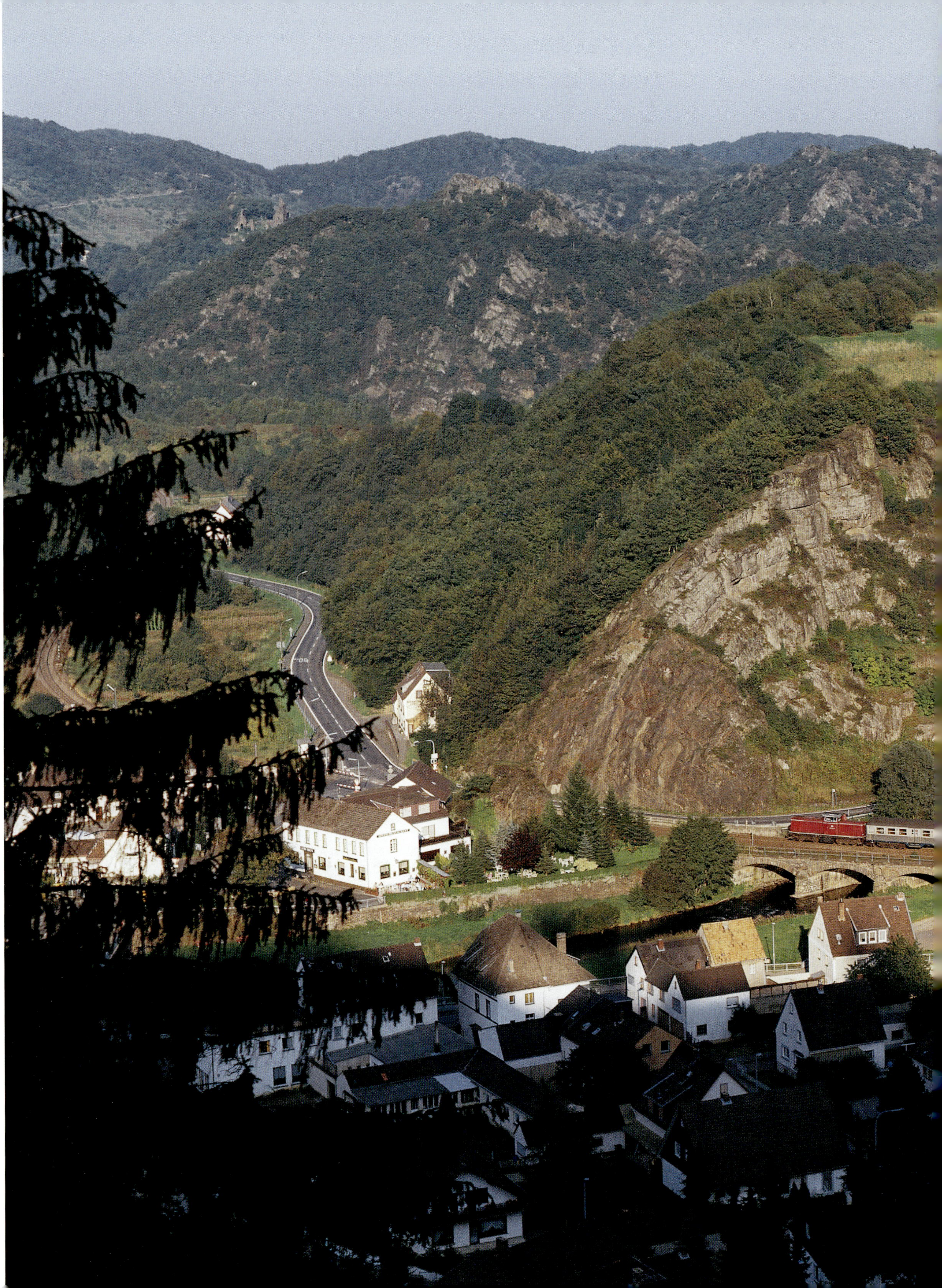

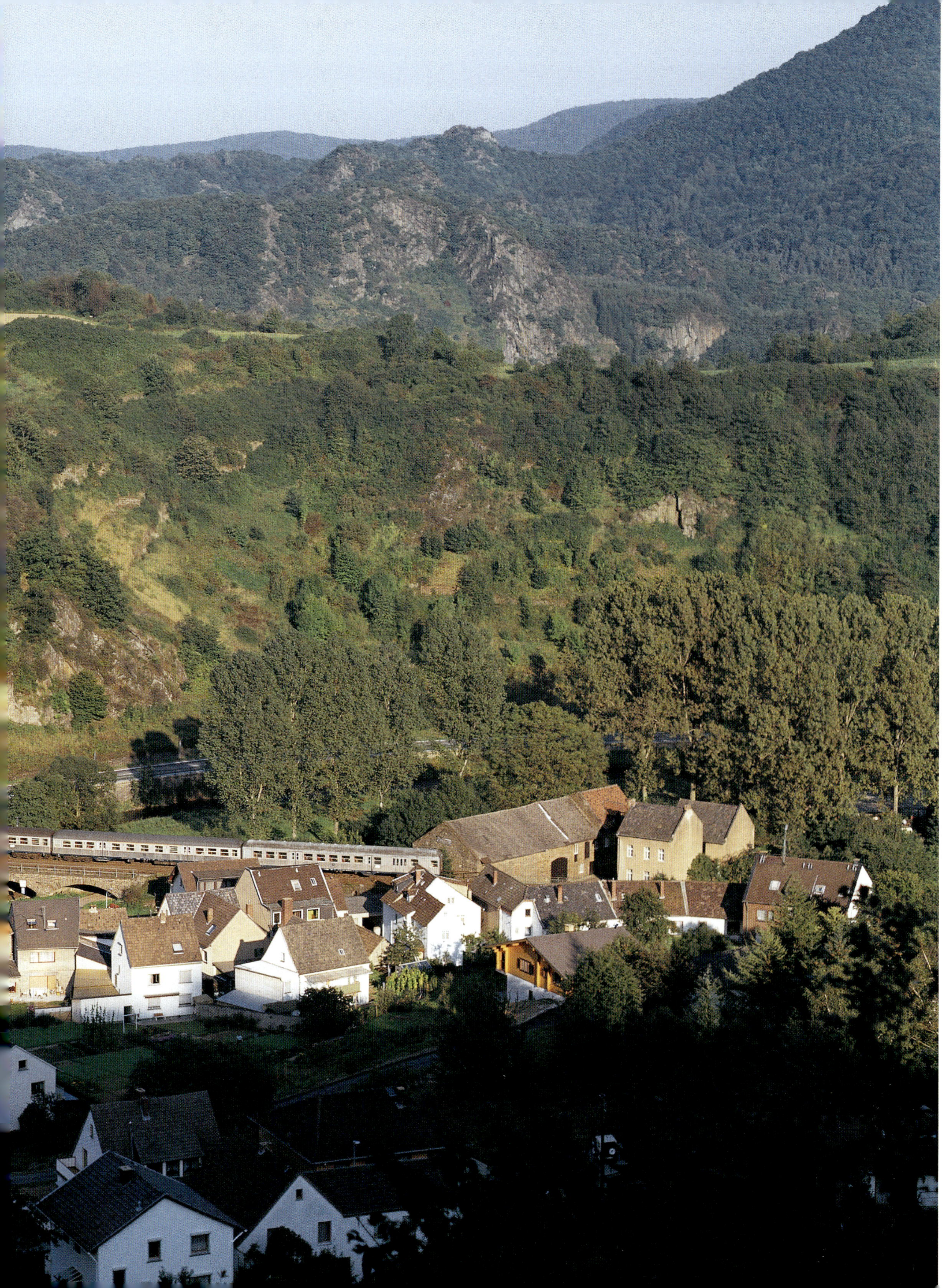

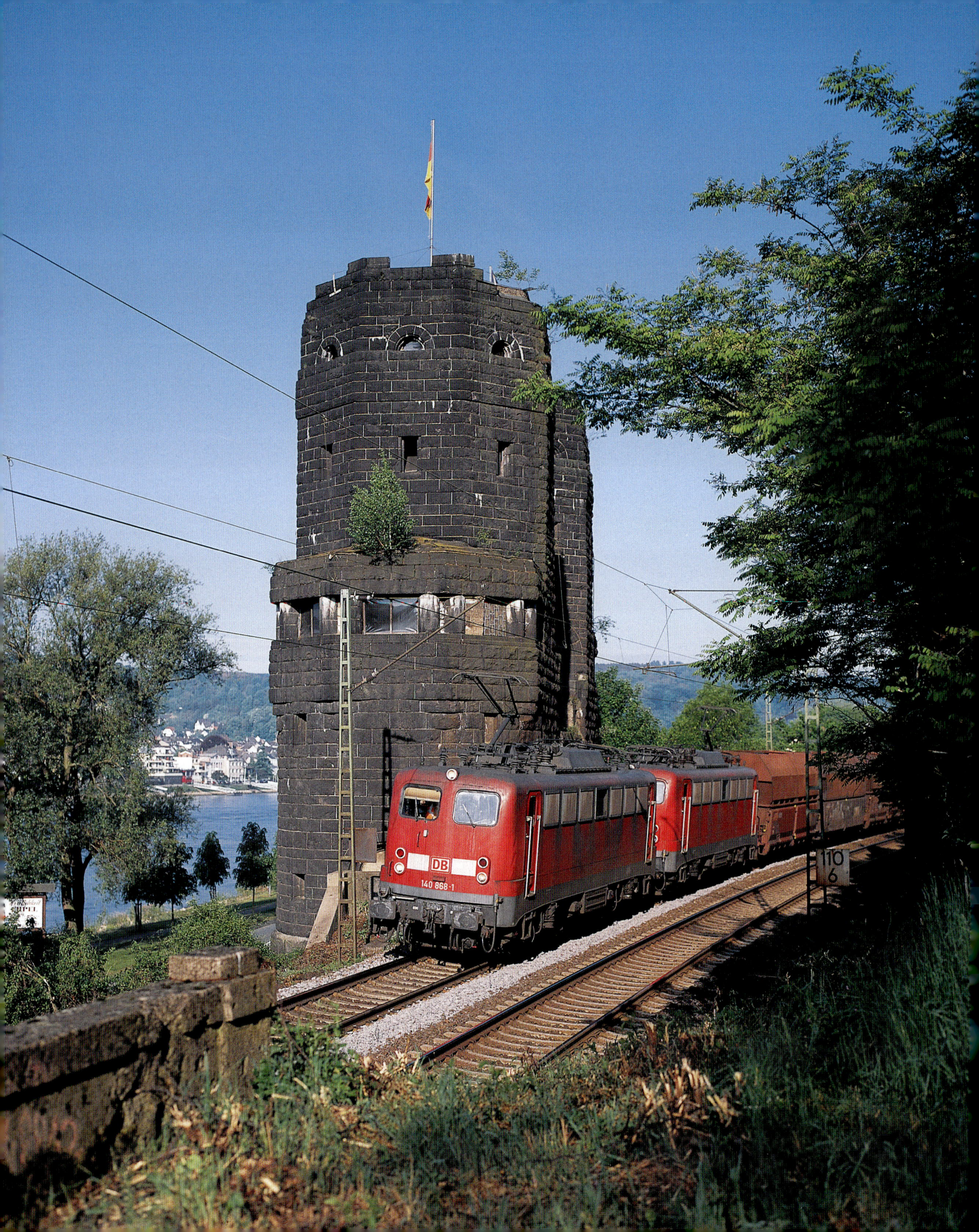
DB
140 868-1
110
6

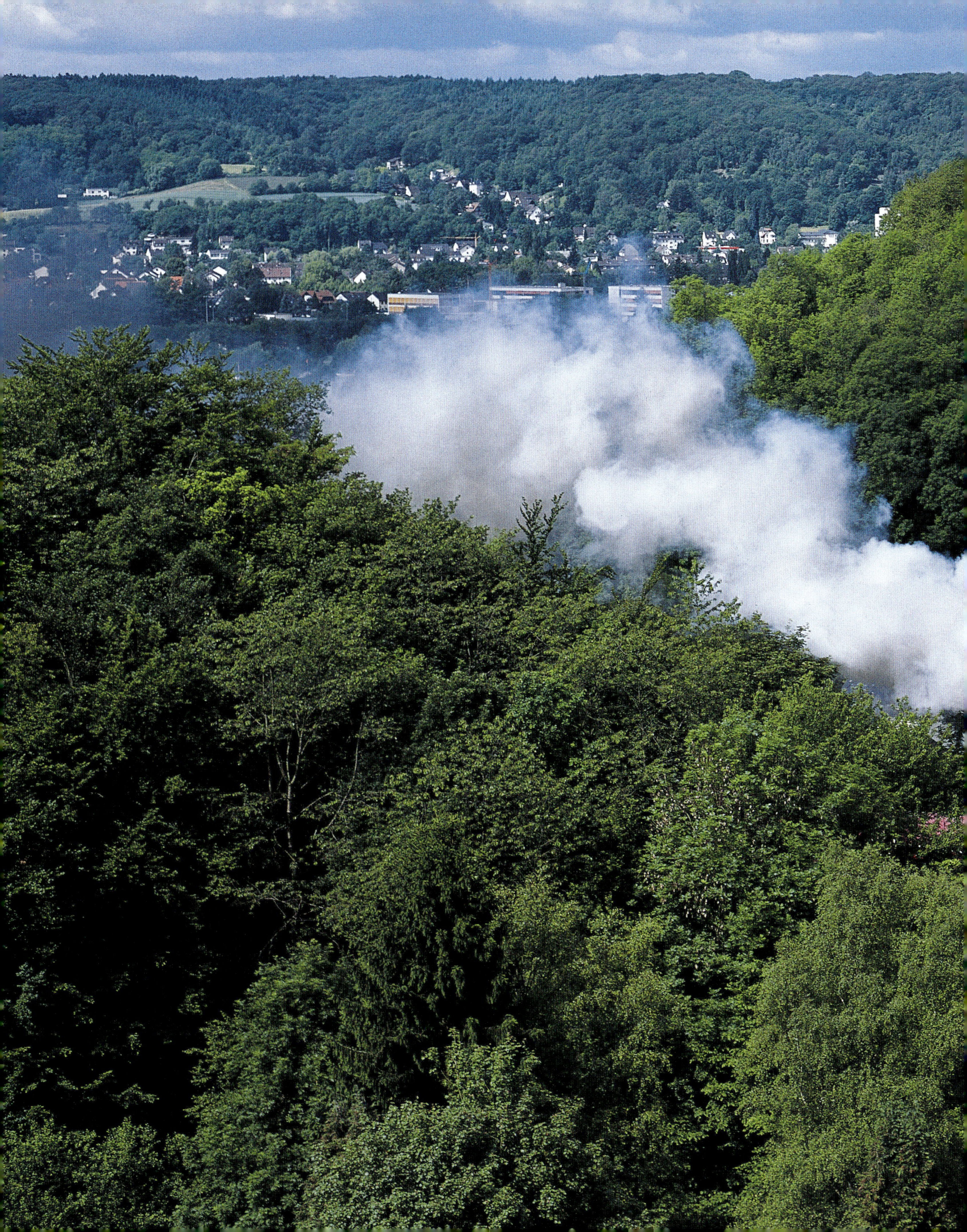

Im Zuge des zweigleisen Ausbaus der rechten Rheinstrecke im nördlichen Abschnitt wurde ab 1983 das bis dahin auf einem flachen Bahndamm verlaufende Gleis in Linz aus Gründen des Hochwasserschutzes durch einen Stadtviadukt in Hochlage gebracht. Gleichzeitig entfielen damit in diesem Bereich vorhandene niveaugleiche Bahnübergänge. Auf Höhe des bei Rheinkilometer 629,9 gelegenen Fähranlegers der Rheinfähre Linz – Kripp wird bei der Vorbeifahrt einer unbekannt gebliebenen Bügelfalten-110 mit dem StadtExpress 6345 Düren – Koblenz sehr schön die Hochlage der Bahntrasse deutlich. Entstanden ist die Ansicht am 10. August 1995 vom gegenüber liegenden Remagener Ortsteil Kripp aus.

Foto Seite 40/41: Dank eines in Linz am Rhein ansässigen Eisenbahnverkehrsunternehmens, der Eifelbahn Verkehrsgesellschaft mbH, konnte die akut stilllegungsgefährdete Steilstrecke Linz (Rhein) – Kalenborn gerettet werden. Neben dem saisonal an Samstagen, Sonn- und an Feiertagen mit einem Schienenbus durchgeführten Personenverkehr, kommt es auch zu gelegentlichen Dampffahrten. Den kleinen Stampfbeton-Viadukt oberhalb von Kasbach überquert anlässlich einer solchen Gelegenheit am 11. Juni 2005 sichtlich kraftvoll die 94 1538. Eines jener Exponate der preußischen T 16.1, wie sie in den zwanziger Jahren mit Gegendruckbremse ausgerüstet für den Steilstreckenbetrieb beschafft worden waren. Bis zur Einstellung des Personenverkehrs im Jahr 1960 beziehungsweise der Umstellung des verbliebenen Güterverkehrs auf Dieselbetrieb hatte die preußische T 16.1 über Jahrzehnte das Geschehen zwischen Linz (Rhein) und Flammersfeld bestimmt. Lediglich in der Übergangszeit vor der Umstellung des Betriebs auf die V 100 kamen auf der Steilstrecke auch Neubaudampfloks der Baureihe 82 des Bw Koblenz-Mosel zum Einsatz.

Rechte Rheinstrecke

Eine der beiden bis heute vorhandenen Steilstrecken am Rhein führt von Linz auf die Westerwaldhöhe nach Kalenborn, der bis 1945 über Flammersfeld die Verbindung nach Altenkirchen herstellenden Nebenbahn. Nachdem die Deutzerfelder 213 340 am 4. Oktober 1994 mit ihrer Übergabe von Kalenborn nach Linz am Rhein zurückgekehrt war und sich an das andere Ende des Zuges gesetzt hatte, steht sie zur Abfahrt bereit. Die Diesellokomotive musste auf der Steilstrecke grundsätzlich am talseitigen Ende stehen, folglich die Güterzüge den Berg hinauf geschoben werden. Dabei diente dem Zugführer ein an der Spitze des Zuges laufender, umgebauter Packwagen der Streckenbeobachtung. Aufgrund der vorherrschenden maximalen Neigung von 57 Promille bei einer zu überwindenden Höhendifferenz von rund 300 Metern bedurfte es des Einsatzes einer Lokomotive der Baureihe 213, die für den Steilstreckeneinsatz zusätzlich über einen verstärkten Antrieb mit hydrodynamischer Bremse verfügte. Zum Zeitpunkt der Aufnahme war das bevorstehende Ende des verbliebenen, nur noch sporadisch anfallenden Güterverkehrs bereits absehbar, sollte Kalenborn doch am 17. Mai 1995 ein letztes Mal angefahren werden.

Rechtsrheinisch ergab sich am 1. Juni 1997 die „klassische" Darstellung der Verladeanlage mit dem unübersehbaren Schriftzug der Eigentümerin und der 155 243 der Deutschen Bahn, ehemals Baureihe 250 der Deutschen Reichsbahn. Die schweren Co'Co'-Lokomotiven des LEW Henningsdorf (VEB Lokomotivbau Elektrotechnische Werke Hans Beimler), zwischen 1977 und 1984 in 273 Exemplaren gebaut, sind im schweren Güterzugverkehr bis heute unverzichtbar.

Rechte Rheinstrecke

Am Rheinufer in Kasbach befand sich bei Rheinkilometer 631,55 lange noch eine Verladeanlage der ehemaligen Seilbahn, die vom Basaltbruch am Meerberg im Westerwald hierher führte. Bis zu ihrem Abriss im Jahr 2005 wurde hier noch ab und an Basalt auf die Rheinschiffe verladen. Wer weiß darüber hinaus noch um die Existenz des einstigen Schmalspurnetzes (785 mm) der in Linz am Rhein ansässigen Basalt AG? Das ist allerdings schon lange her. Jedenfalls eignete sich das technische Relikt vergangener Zeiten als markanter Bezugspunkt, in Erinnerung an das geschäftige Treiben um den Baustoff vulkanischen Ursprungs, als dieser im großen Stil an den Rhein gebracht und dort verladen wurde. Von der gegenüber liegenden Rheinseite bei Remagen ließ sich die Verladestelle mit den Bevorratungssilos und der dahinter herführenden Bahnstrecke besonders eindrucksvoll in Szene setzen. Am 6. Oktober 1995 war es nicht nur die 140 mit ihrem Güterzug, sondern gleich auch noch das stromabwärts kommende Personenschiff „Siebengebirge", die dem Motiv unbestritten das gewisse Etwas geben.

Rechte Rheinstrecke

Wenn es linksrheinisch zu technischen Störungen im Bahnverkehr kommt, oder aber bedingt durch Bauarbeiten, werden die Züge rechtsrheinisch umgeleitet. Gleiches gilt, wenn es einen „Personenschaden" zu vermelden gibt und es zu einer Streckenvollsperrung kommt. Just aus einem dieser Gründe kommt der EC 5 „Verdi" Dortmund – Milano Centrale am Morgen des 9. Juni 2002 auf der falschen Rheinseite gefahren. Die sich von einem oberhalb von Kasbach verlaufenden Trampelpfad ergebende Perspektive eröffnet dem Betrachter den freien Blick stromabwärts auf die Bahntrasse mit dem mächtigen Basaltfels der Erpeler Ley, an deren Fuß ehedem die Ludendorffbrücke den Rhein überspannte. Beiderseits des Rheins treten die Brückenköpfe hervor, die auch heute noch dem Betrachter die genaue Lage des einstigen Rheinübergangs verdeutlichen. Sehr schön ist zudem die Lage der Apollinariskirche oberhalb der Stadt Remagen auszumachen, der wir schon auf Seite 25 begegnet sind.

Eisenbahn am Mittelrhein – **Rhein, Ahr, Lahn und Mosel**

Rechte Rheinstrecke

Foto Seite 32: Der rechtsrheinische Brückenkopf der ehemaligen Ludendorffbrücke bei Erpel lässt sich mit der unmittelbar vorbeiführenden Rheinstrecke trefflich in Szene setzen. Freilich immer vorausgesetzt, dass ein regelmäßiger Rückschnitt des Bahndammbewuchses erfolgt. Wie hier kurz zuvor geschehen, andernfalls wäre die am Morgen des 7. Mai 2009 festgehaltene Perspektive mit den vor einem Kohleganzzug in Doppeltraktion südwärts fahrenden 140 868 und 140 858 kaum möglich gewesen. Obendrein ist das Zeitfenster zur Morgenstunde denkbar kurz, beabsichtigt man die Umsetzung des Motivs mit fotogerechter Ausleuchtung.

Foto Seite 33: Gleiches gilt prinzipiell nachmittags für die entgegengesetzt nordwärts fahrenden Züge. Um allerdings diese Perspektive optimal ausgeleuchtet umsetzen zu können, bedarf es des nur wenige Wochen im Jahr um die Sommersonnenwendzeit spät abends für etwa eine halbe Stunde sich ergebenden Sonnenstands. Aber nur, wenn auch an einem Tag ohne Abenddunst zu so später Stunde noch optimale Lichtverhältnisse gegeben sind – und natürlich im entscheidenden Augenblick ein Zug kommt! Alle Voraussetzungen waren am 9. Juni 1995 gegeben, als kurz vor 21 Uhr noch rechtzeitig im allerletzten Büchsenlicht die 155 171 mit einem Güterzug um die Kurve kommt.

Nachschub für die Dillinger Hütte: Über Jahrzehnte gehörte an Rhein und Mosel die Bespannung der zwischen dem niederländischen Seehafen Rotterdam und dem saarländischen Dillingen verkehrenden 5000-t-Erzzüge mit der Baureihe 151 zum gewohnten Bild. So strengen sich am Abend des 24. Juli 1995 unterhalb der Erpeler Ley wieder einmal zwei dieser Ellok-Boliden mit vereinten Kräften an, trotz der nur bescheidenen zulässigen Höchstgeschwindigkeit des Zugverbands von 80 km/h locker an dem Tankschiff „Martine" vorbeizuziehen. Erst jüngst wurden in dieser Relation die altgedienten Maschinen der Baureihe 151 vor den Erzzügen durch moderne Loks der Baureihe 189 abgelöst.

Rechte Rheinstrecke

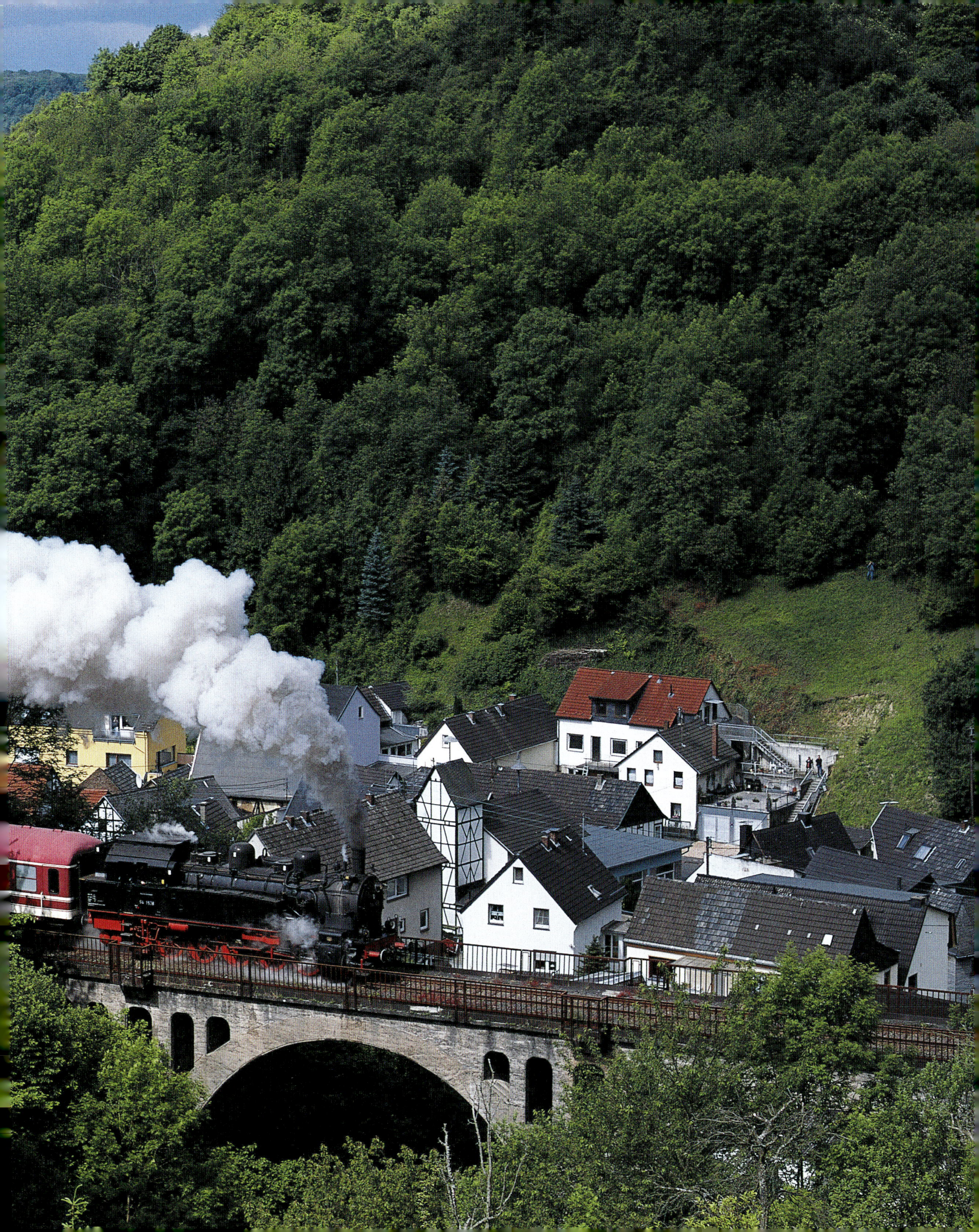

Rechte Rheinstrecke

In Linz am Rhein bringt die 110 503 im schmucken TEE-Farbkleid (ex 112 503) am 10. Mai 1999 einen aus ehemaligen DR-Reisezugwagen gebildeten Sonderzug südwärts. Auch diese Bügelfalten-E 10 musste auf ihre alten Tage noch im verkehrsroten Farbkleid durch die Lande fahren. Die am 21. November 1968 in Dienst gestellte und am 8. April 2009 z-gestellte Maschine hatte damit eine aktive Einsatzzeit von vier Jahrzehnten erreicht, bevor sie wenig später verschrottet wurde. Hinten links ist übrigens als markanter Bezugspunkt die Basaltverladestelle bei Kasbach zu erkennen.

Eisenbahn am Mittelrhein – **Rhein, Ahr, Lahn und Mosel**

Rechte Rheinstrecke

Beim Bahnhof Rheinbrohl kommt am 9. Juli 1995 die 140 547 mit ihrem Flachwagenganzzug, beladen mit altbrauchbarem Schotter, an einer verwaisten Bahnschranke vorüber. Ein Überbleibsel aus den Tagen, als die dahinter verlaufende Bundesstraße 42 noch nicht ausgebaut war und sich in diesem Bereich ein öffentlicher Bahnübergang befand, der die Zufahrt an die zum Rhein gewandte Bahnhofsseite ermöglichte.

Am Abend des 23. April 1993 strebt die 110 102 mit dem D 2313 Norddeich – Heidelberg linksrheinisch dem nächsten Halt in Andernach entgegen. Die Garnitur des Schnellzuges besteht schon aus den neuen InterRegio-Wagen. Bereits einige Wochen vor der offiziellen Einführung der Zuggattung fuhren die IR-Wagen vielfach schon im Vorlaufbetrieb in den Relationen, die vom klassischen D-Zug mit dem bevorstehenden Planwechsel auf den InterRegio umgestellt werden sollten. Den Bahnhof der Kurstadt Bad Breisig, der lediglich von Nahverkehrs- und Eilzügen unmittelbar angefahren wird, durchfährt unser Zug mit unvermindertem Tempo. Der Bahnhof Bad Breisig hat seine besten Jahre auch längst hinter sich. Die hier noch linkerhand des Bahnsteigs liegenden Gleise wurden zu Gunsten eines Park & Ride-Parkplatzes für Berufspendler rausgerissen und das Bahnhofsgebäude von der Stadt übernommen, die die Räumlichkeiten des „Jugend- und Kultur-Bahnhof Bad Breisig" für allerlei Veranstaltungen nutzt.

Eisenbahn am Mittelrhein – **Rhein, Ahr, Lahn und Mosel**

Linke Rheinstrecke

Es muss nicht immer Sonnenschein sein. Der Nebel zeigte sich am Morgen des 22. Oktober 2000 in Brohl am Rhein und Umgebung als besonders hartnäckig. Dennoch ließ sich der von 101 006 geführte EuroCity 29 „Joseph Haydn" Hannover – Wien bei der Ortsdurchfahrt mit dem sich langsam lichtenden Nebel stimmungsvoll umsetzen. Rechts ein Dreischienengleis der Brohltalbahn. Der Vollständigkeit halber auch hier darauf hingewiesen, dass sich in diesem Bereich heute Lärmschutzwände befinden!

Eisenbahn am Mittelrhein – **Rhein, Ahr, Lahn und Mosel**

Die am Eingang des Brohltals liegende Gemeinde Brohl-Lützing mit der das Stadtbild bestimmenden Pfarrkirche St. Johannes der Täufer passiert am 1. August 1993 der D 2432 Bremerhaven-Lehe – Luxemburg auf dem Weg nach Koblenz. Dort wird die Zuglok den Schnellzug an eine bereitstehende Zweifrequenzlok (Stromsystem 15 kV 16 2/3 Hz + 25 kV 50 Hz) der Baureihe 181.2 übergeben, damit diese die Leistung über die deutsch-luxemburgische Grenze hinweg bis nach Luxemburg Stadt fahren kann. Mit anderthalbstündiger Wendezeit wird die 112 147 (Bw Berlin Hbf) in Koblenz den gegenläufigen D 2431 Luxemburg – Cuxhaven übernehmen.

Eisenbahn am Mittelrhein – Rhein, Ahr, Lahn und Mosel

Rechte Rheinstrecke

Noch ganz im alten Bundesbahn-Outfit kommt am 23. Juli 1995 der StadtExpress 6357 mit der blauen 110 147 des Bw Köln-Deutzerfeld und den angehängten „Silberlingen" im Bahnhof Leutesdorf zum Stehen. Lediglich das aufdringliche DB-Logo an den Fahrzeugen deutet auf das bereits begonnene Zeitalter der Deutschen Bahn hin. Der unverkennbare Baustil des Empfangsgebäudes lässt den Ursprung des nördlichen Abschnitts der rechten Rheinstrecke unter der Ägide der Rheinischen Eisenbahn-Gesellschaft erkennen.

In Oberhammerstein dienen die kleine St. Georgskirche und das daneben befindliche Bruchsteinhaus als Blickfang und lassen die dazwischen fahrende 150 mit dem denkbar kurzen Güterzug am Haken beinahe zur Nebensache werden. Es bedurfte schon einer bedachten Standortwahl, um die an sich erdrückende Dominanz der Bundesstraße 42 in hochwassersicherer Lage zu kaschieren, die nun einmal äußerst unvorteilhaft das Landschaftsbild um Hammerstein bestimmt. Über den Rhein geschaut, liegt am jenseitigen Ufer Brohl-Lützing.

Eisenbahn am Mittelrhein – **Rhein, Ahr, Lahn und Mosel**

48 Eisenbahn am Mittelrhein – **Rhein, Ahr, Lahn und Mosel**

Rechte Rheinstrecke

Bedingt durch die starke Zersiedelung weisen die beiden Rheinstrecken nördlich von Koblenz – ganz im Gegensatz zum Südabschnitt im Engtal des Mittelrheins – nur vergleichsweise wenige ansprechende Landschaftsmotive auf. Ein solches Motiv ergab sich früher bei Leutesdorf. Der Anblick aus einem am Ortsausgang gelegenen Weinhang sollte sich durch den allzu gut gemeinten Ausbau der Bundesstraße 42 mit einer neuen Bahnunterführung nachhaltig verändern. In diesem Zusammenhang wurde gleich auch der verwilderte Weinberg einer Kultivierung unterzogen, so dass eine Zugfahrt, wie hier am 19. Mai 1990 mit der 111 150 vor dem N 6335 von Köln nach Koblenz festgehalten, heute deutlich verändert „rüberkommt".

Dagegen scheint die Zeit im Bahnhof des Weinörtchens Leutesdorf stehen geblieben zu sein. Das unmittelbare Umfeld mit der hölzernen Überdachung der Bahnsteigunterführung konnte sich in die Gegenwart hinüberretten. Ergo stellt sich die Szene vom 9. November 2003 mit der soeben vor der RegionalBahn 22515 einlaufenden 143 837 bis heute unverändert dar. Allerdings wird man auf eine 143 im Ursprungslack der DDR-Reichsbahn vergebens warten müssen, waren diese bereits zum Zeitpunkt der Aufnahme rar.

Eisenbahn am Mittelrhein – **Rhein, Ahr, Lahn und Mosel**

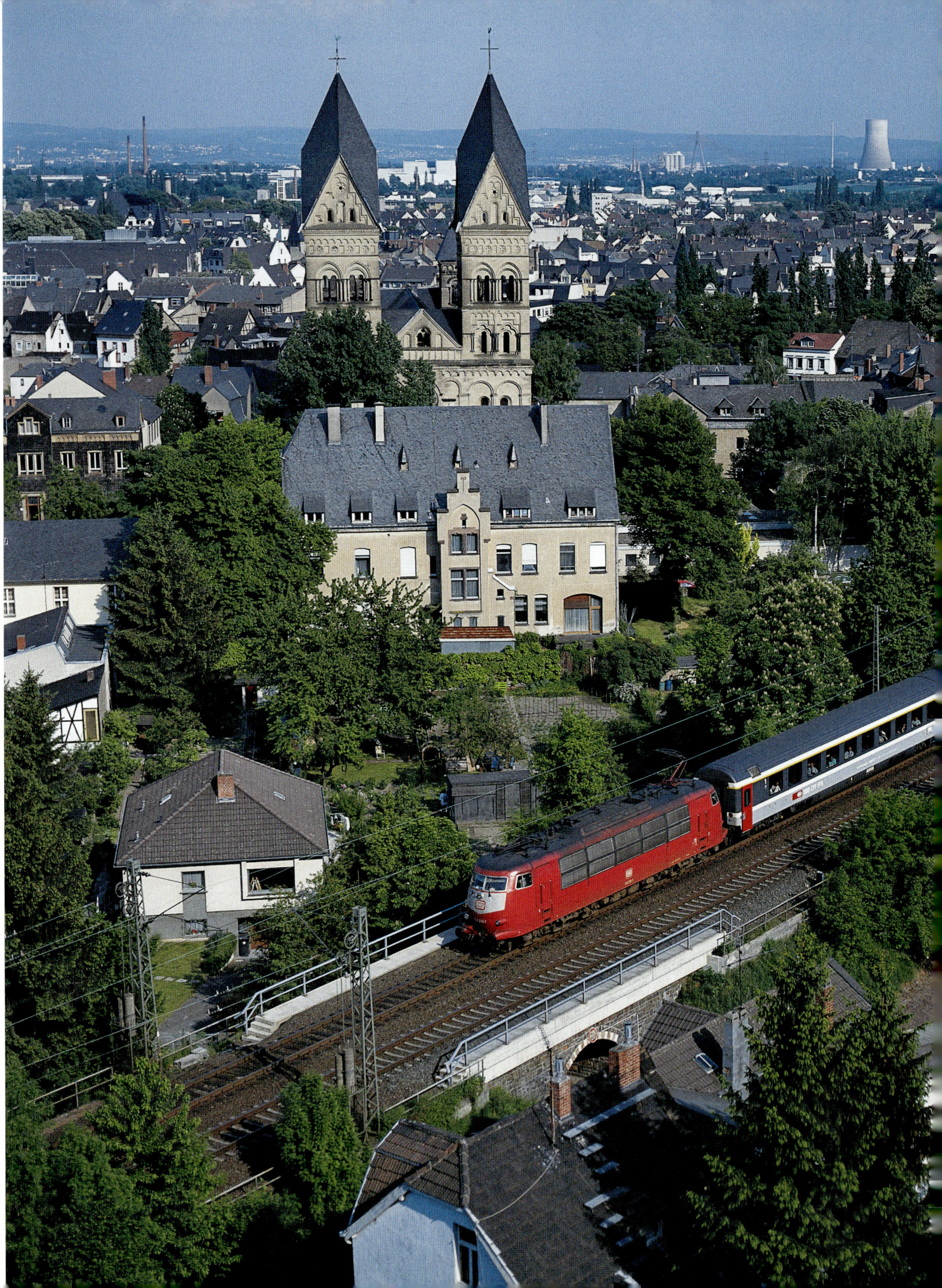

Linke Rheinstrecke

In Andernach legt sich am Fuße des Krahnenbergs am 11. Mai 1993 die 103 218 vor dem EuroCity 2 „Rembrandt" Chur – Amsterdam auf Höhe der Pfarrkirche Maria Himmelfahrt geschmeidig in die Kurve der in einem weiten Bogen verlaufenden Bahn. Ein besonderes Erlebnis war das erhöhte Reisen im eingestellten Panoramawagen 1. Klasse der Schweizerischen Bundesbahnen (SBB), vor allem wenn der Weg durch eine derart reizvolle Flusslandschaft wie das Mittelrheintal führte. Leider ist diese herrliche Ansicht auf das im weiten Neuwieder Becken gelegene Andernach im Laufe der Zeit von der fortschreitenden Vegetation verschluckt worden und damit einer der markantesten Fotopunkte der linken Rheinstrecke nördlich von Koblenz verloren gegangen. Auf den im Hintergrund aufragenden Kühlturm treffen wir auf der nächsten Seite.

Linke Rheinstrecke

Beim Betrachten dieser Aufnahme mit der am 1. Februar 1998 vor dem EC 3 „Rembrandt" Amsterdam – Chur laufenden Hamburg-Eidelstädter 101 002 vor dem Hintergrund des RWE-Atomkraftwerks Mülheim-Kärlich stellt sich unweigerlich die Frage nach dem Für und Wider der Atomenergie. Fakt ist, dass das AKW Mülheim-Kärlich im Regelbetrieb gerade einmal 100 Tage am Netz war und aufgrund einer richterlichen Entscheidung im September 1988 abgeschaltet werden musste. Der 2004 angelaufene Rückbau der Anlage wird noch Jahre beanspruchen. Die Kosten-Nutzen-Rechnung des Atommeilers ist genauso verheerend wie es die Konsequenzen eines möglichen GAU („Größer Anzunehmender Unfall") für Mensch und Region schlimmstenfalls sein könnten. Dass die Entscheidung der Stilllegung alleine schon wegen des im Neuwieder Becken nicht gänzlich auszuschließenden erhöhten Erdbebenrisikos nicht unbegründet war, hat seit Fukushima noch eine andere Tragweite bekommen.

Kronprinzenbrücke

Nahezu alle in diesem Buch gezeigten Eisenbahnbrücken wurden bei Kriegsende 1945 von der Deutschen Wehrmacht gesprengt. Dabei wurden die Brücken mehr oder weniger stark beschädigt. Der aberwitzigen Strategie, auf diese Weise den Feind am Vormarsch hindern zu wollen, fiel auch die Kronprinzenbrücke bei Rheinkilometer 602,10 völlig ohne Sinn und Zweck zum Opfer. Bis 1954 wurde sie von der Deutschen Bundesbahn in der heutigen Form wiederaufgebaut. Ebenso wie die benachbarte Ludendorffbrücke bei Remagen (siehe S. 32/33) ist der Rheinübergang ursprünglich aus rein strategischen Erwägungen gebaut worden. Heute stellt alleine die Urmitzer Rheinbrücke, wie sie auch genannt wird, ein wichtiges Bindeglied der über Köln (Gremberg) via Kronprinzenbrücke entlang der Moselstrecke in Richtung Saargebiet, nach Frankreich und Luxemburg, respektive entgegengesetzt über Köln hinaus in Richtung Ruhrgebiet und nordwärts zu den deutschen Seehäfen laufenden Güterzüge dar. Wohin es die 140 200 (Bw Köln-Deutzerfeld) mit der angehängten Fracht am 20. Juli 1995 nach Erreichen des rechten Rheinufers bei Engers letztlich verschlug, ist nicht überliefert, naheliegender Anlaufpunkt dürfte aber der Gremberger Güterbahnhof vor den Toren Kölns gewesen sein.

Eisenbahn am Mittelrhein – **Rhein, Ahr, Lahn und Mosel**

Pellenz-Eifel-Bahn

Abstecher an die in Andernach von der linken Rheinstrecke abzweigende Eifelquerbahn zum Bahnhof des inmitten der Pellenz gelegenen Städtchens Kruft. Ein architektonisches Juwel ist das Empfangsgebäude aus der Kaiserzeit mit seinen sehenswerten Treppengiebeln. Viele alte Häuser der Region haben ihren ureigenen Charme, geprägt von der „Vulkansteinarchitektur" des landschaftstypischen Lavasteins. Nur langsam vermochte sich am 28. Januar 1989 die Sonne durch den Morgennebel zu kämpfen. Daher liegt am späten Vormittag bei der Ankunft des von 212 010 gefahrenen N 7662 Andernach – Mayen West noch immer Raureif auf den Bäumen, das fahle Sonnenlicht tat ein Übriges, die Szenerie wie eine verwunschene Bahnidylle aus alten Bundesbahnzeiten erscheinen zu lassen.

Foto rechte Seite: Zwei Jahrzehnte weiter hatte die Eifelquerbahn, offiziell längst als Pellenz-Eifel-Bahn bezeichnet, ihre turbulenteste Zeit überwunden, und sich die Zuständigkeit der Betriebsführung einmal mehr grundlegend geändert. Als am 11. Januar 2009 der Dieseltriebwagen 628 301/629 301 als RB 12437 in Monreal an den Resten der Philippsburg vorbei kommt, lag die Betriebsführung seit kurzem wieder bei der Deutschen Bahn, die das Bahnunternehmen trans regio erst im Dezember des Vorjahres verloren hatte. Bis zur Reaktivierung des Personenverkehrs am 6. August 2000 auf dem Streckenabschnitt Mayen West – Kaisersesch hatte dieser sogar übergangsweise von Januar 1991 an ruhen müssen. Bis Dezember 2014 ist nun die vollständige Reaktivierung der Eifelquerbahn über Kaisersesch hinaus bis nach Gerolstein geplant. Das Teilstück wird derzeit lediglich im Ausflugverkehr saisonal von der Vulkan-Eifel-Bahn betrieben.

Eisenbahn am Mittelrhein – **Rhein, Ahr, Lahn und Mosel**

Pellenz-Eifel-Bahn

Lange ist es her, dass das Eifeldorf Monreal unter Insidern als besonderes Ausflugsziel gehandelt wurde. Spätestens seit die Fachwerkhäuser als Filmkulisse für einen hier abgedrehten Eifel-Krimi herhalten mussten, ist es mit der Beschaulichkeit vorbei. Anders am sonnigen Montag des 15. Februar 1988 – vom Tourismus weitgehend unbehelligt, galt die ganze Aufmerksamkeit der fotografischen Umsetzung des historischen Ortskerns mit der über den Dächern verlaufenden Bahn. Die angeschnittene Löwenburg rechts ist dagegen der Unachtsamkeit des Fotografen geschuldet, der den Fokus all zu sehr auf den von Daun nach Mayen Ost verkehrenden N 7073 mit 211 035 richtete, ohne den Bildaufbau umfänglich im Auge zu behalten. Dennoch eine gelungene fotografische Reminiszenz an jene Zeiten, als es nicht nur im Eifeldorf Monreal noch ein wenig beschaulicher zuging.

Eisenbahn am Mittelrhein – **Rhein, Ahr, Lahn und Mosel**

Durch die Lage an Rhein und Mosel gilt Koblenz als die „Stadt der Brücken". Immerhin drei respektable Brücken dienen der Eisenbahn als Stromquerung (siehe S. 62/63 und 100/101). Eine davon ist die Moselbrücke der linken Rheinstrecke bei Moselkilometer 1,25 unweit der Mündung in den Rhein. Die Stahlhohlkastenkonstruktion trat 1975 an Stelle der im März 1945 gesprengten und nach dem Zweiten Weltkrieg nur behelfsmäßig aufgebauten Eisenbahnbrücke. Möglich machte diese Ansicht eine weitere Moselbrücke. Und zwar vom Fußgängersteg der parallel verlaufenden Europabrücke für den Straßenverkehr, die am 28. Juni 1995 als Fotostandpunkt diente, als sich zu vorgerückter Stunde die 103 207 mit dem IC 527 „Loreley" Nürnberg – Dortmund am Haken vor historischem Hintergrund anschickt, im schönsten Abendlicht die Moselseite zu wechseln.

Eisenbahn am Mittelrhein – **Rhein, Ahr, Lahn und Mosel**

Linke Rheinstrecke

Weniger aufregend war die Überfahrt der am 30. März 2004 mit einer Fuhre Schrott aus Richtung Koblenz-Lützel kommenden Gremberger 294 377, die nach Passieren der Eisenbahnbrücke über Koblenz-Moselweiß den Weg entlang der Moselstrecke einschlagen wird.

Als besondere Dreingabe kam kurz darauf noch der StadtExpress 3564 mit der Deutzerfelder 110 488 über die Moselbrücke gefahren. Die Maschine fällt nicht nur aufgrund ihrer TEE-Lackierung aus dem Rahmen, sondern auch wegen der unterschiedlichen Baureihenbezeichnungen im Laufe ihres Daseins. 1968 als 112 488 in Dienst gestellt, wurde sie 1988 wegen der von 160 auf 140 km/h herabgesetzten Höchstgeschwindigkeit in die 114 488 umgenummert; unter Verwendung der Drehgestelle der 110 157 erfolgte bis 29. Dezember 1993 der Rückbau zur 110 488.

Eisenbahn am Mittelrhein – **Rhein, Ahr, Lahn und Mosel**

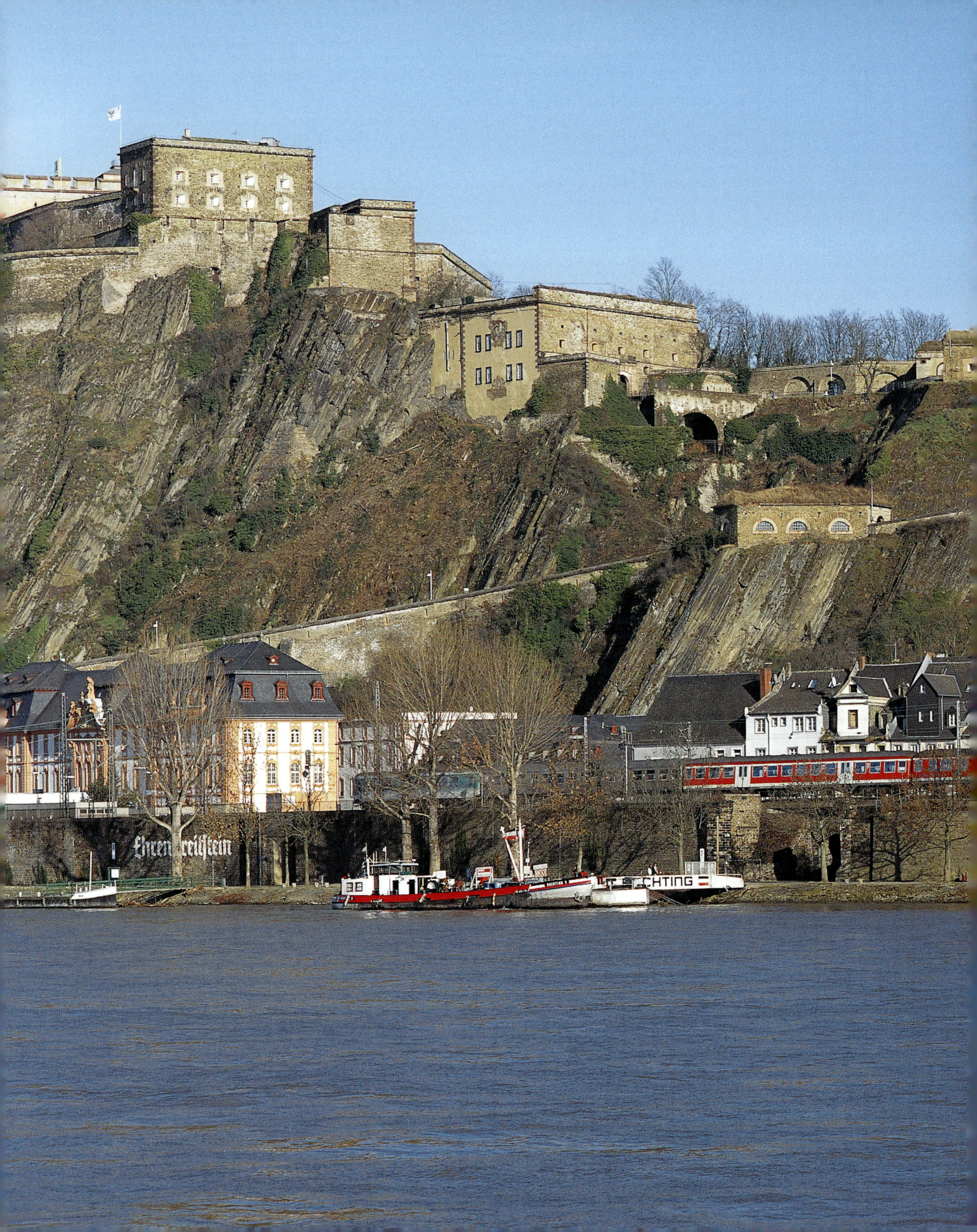

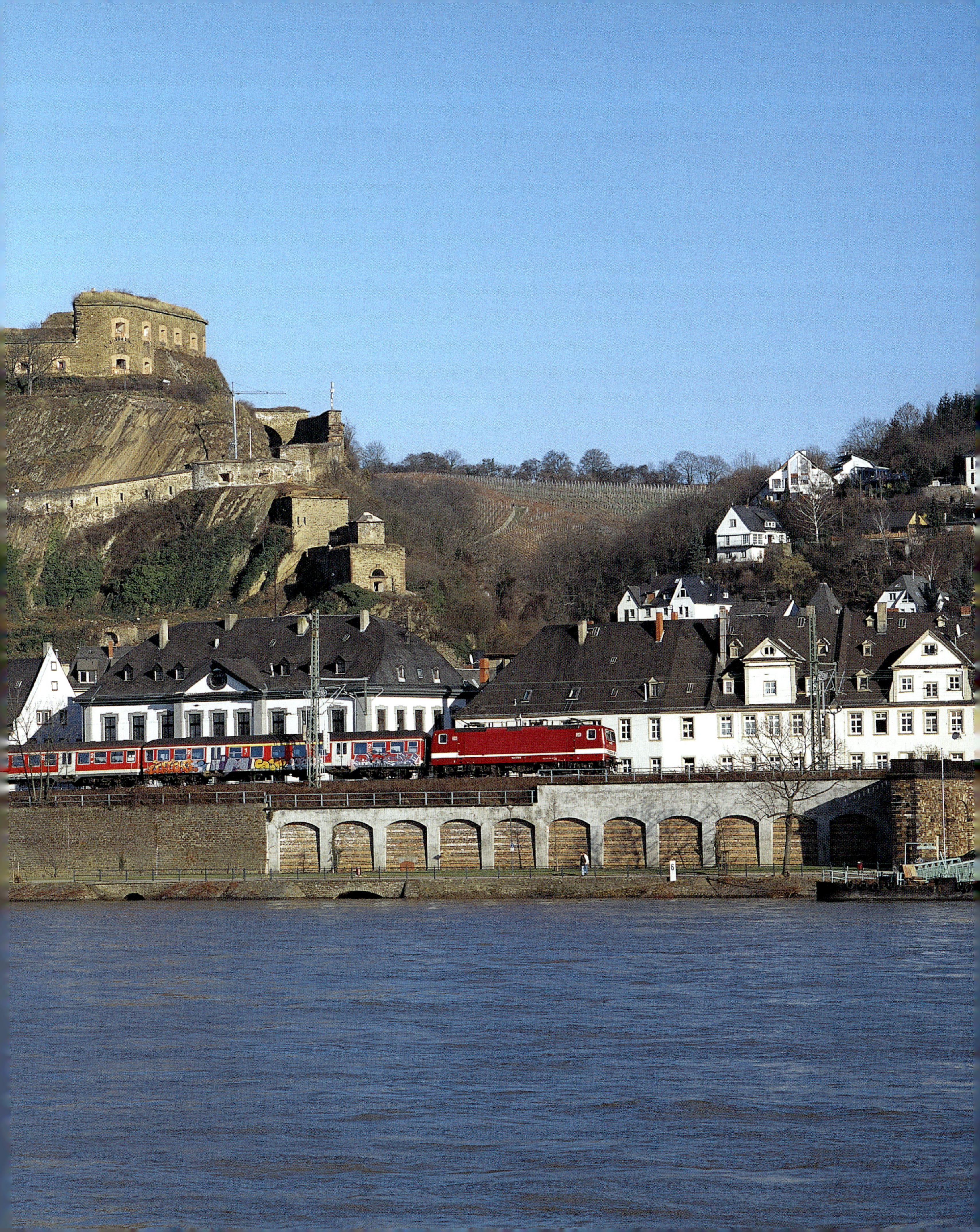

Moselstrecke

Foto Seite 60/61: Durch Graffiti verunstaltete Waggons gehören leider zum Bahnalltag. Vor der historischen Bebauung mit der die Szenerie dominierenden Festung Ehrenbreitstein harmoniert der hinter einer Ellok der Baureihe 143 mitgeführte Wagen in seinem wenig vorteilhaften Outfit dann auch nicht wirklich mit den restlichen Fahrzeugen. Als real existierende Zeiterscheinung sollte dennoch dieses Ärgernis aus den Sprühdosen selbsternannter „Künstler" nicht gänzlich ausgeblendet werden, und trotz allem eine fotografische Würdigung erfahren. Die strategisch günstig, gegenüber dem Deutschen Eck am Zusammenfluss von Mosel und Rhein gelegene Festungsanlage zeugt von der Bedeutung der einstigen preußischen Garnisonsstadt Koblenz. Entstanden ist Europas größte erhaltene Festung in der heutigen Form zwischen 1817 und 1828.

Moselstrecke

Die zwischen den Koblenzer Stadtteilen Moselweiß und Güls gelegene Eisenbahnbrücke offenbart erst in der Seitenansicht vom Moselufer aus betrachtet ihre durch und durch historische Bausubstanz. Vor diesem Hintergrund gerät der am 11. Mai 2006 von 139 155 gefahrene Railmax-Combi-Logistikzug des spanischen Transportdienstleisters Transfesa mit für die Ford-Werke in Saarlouis bestimmten Neuwagen-Komponenten fast zur Nebensache. Die im Oktober 1878 eingeweihte Moselbrücke überdauerte die Zeiten beinahe unverändert. Der auf der nebenstehenden Abbildung zu sehende Fußgängersteg wurde allerdings erst in den Jahren 1925/26 bei fälligen Anpassungsarbeiten angebracht. Selbst nachdem die 226 Meter lange Stahlbogenbrücke im März 1945 von der Wehrmacht gesprengt wurde und dabei erhebliche Schäden davontrug, erfolgte bis 1948 die weitgehend originalgetreue Wiederherstellung. Als bescheidene technische Neuerung hat man zwischenzeitlich die Blecheindeckung im Gleis durch schallabsorbierende Gummiplatten ersetzt.

Achtung, der „Säuferzug" kommt! Kaum dass der Fotograf seine Kamera zückte, sah sich der radelnde Senior veranlasst flugs vom Drahtesel zu steigen, wollte er doch genau wissen, was da des Weges kommt. Es ist die Vorserien E 03 001, ihres Zeichens Museumslokomotive der Deutschen Bahn, die am 4. Mai 2006 mit dem F 79897 von Rheine nach Hetzerath die Moselbrücke bei Koblenz-Güls passiert.

Eisenbahn am Mittelrhein – **Rhein, Ahr, Lahn und Mosel**

Moselstrecke

Im Koblenzer Stadtteil Lay, nur etwa zehn Kilometer vom Stadtzentrum entfernt, befindet man sich schon mittendrin in der lieblichen Umgebung des ländlich geprägten Moseltals. Ein waschechter Fährmann mit seinem bescheidenen Fährboot bildet bei Stromkilometer 9,1 den Brückenschlag zwischen den beiderseits der Mosel verlaufenden Bundesstraßen. Sie dient vor allem dem Tourismus als Übersetzgelegenheit. Folglich ruht außerhalb der Saison der Fährbetrieb in der Zeit von November bis Februar. Am Morgen des 7. Oktober 2005 finden sich trotz des sonnigen Herbstwetters kaum Fahrgäste ein, lediglich ein radelndes Seniorenpaar möchte die Seite wechseln. Nur kurz wird die Morgenruhe vom lauten Rumpeln des am gegenüberliegenden Ufer leer rollenden Erzwagenzugs durchbrochen, bevor das Fährboot zur Überfahrt ablegt.

Aus der Gegenrichtung ist es der IC 2334, mit dem die 181 210 kurz zuvor im Koblenzer Hauptbahnhof die Reise angetreten hat. An dieser Stelle, gegenüber von Koblenz-Lay, reicht die Moselstrecke erstmals bis unmittelbar an den namensgebenden Flusslauf heran, im weiteren Verlauf oftmals nur vom Asphaltband der parallel führenden Bundesstraße getrennt. An einem sonnigen Tag, egal zu welcher Jahreszeit, hat eine Bahnfahrt entlang der Mosel ihren ganz besonderen Reiz. Hinter jeder Biegung eröffnen sich dem interessierten Reisenden neue phantastische Ausblicke auf die einmalige Flusslandschaft.

Eisenbahn am Mittelrhein – **Rhein, Ahr, Lahn und Mosel**

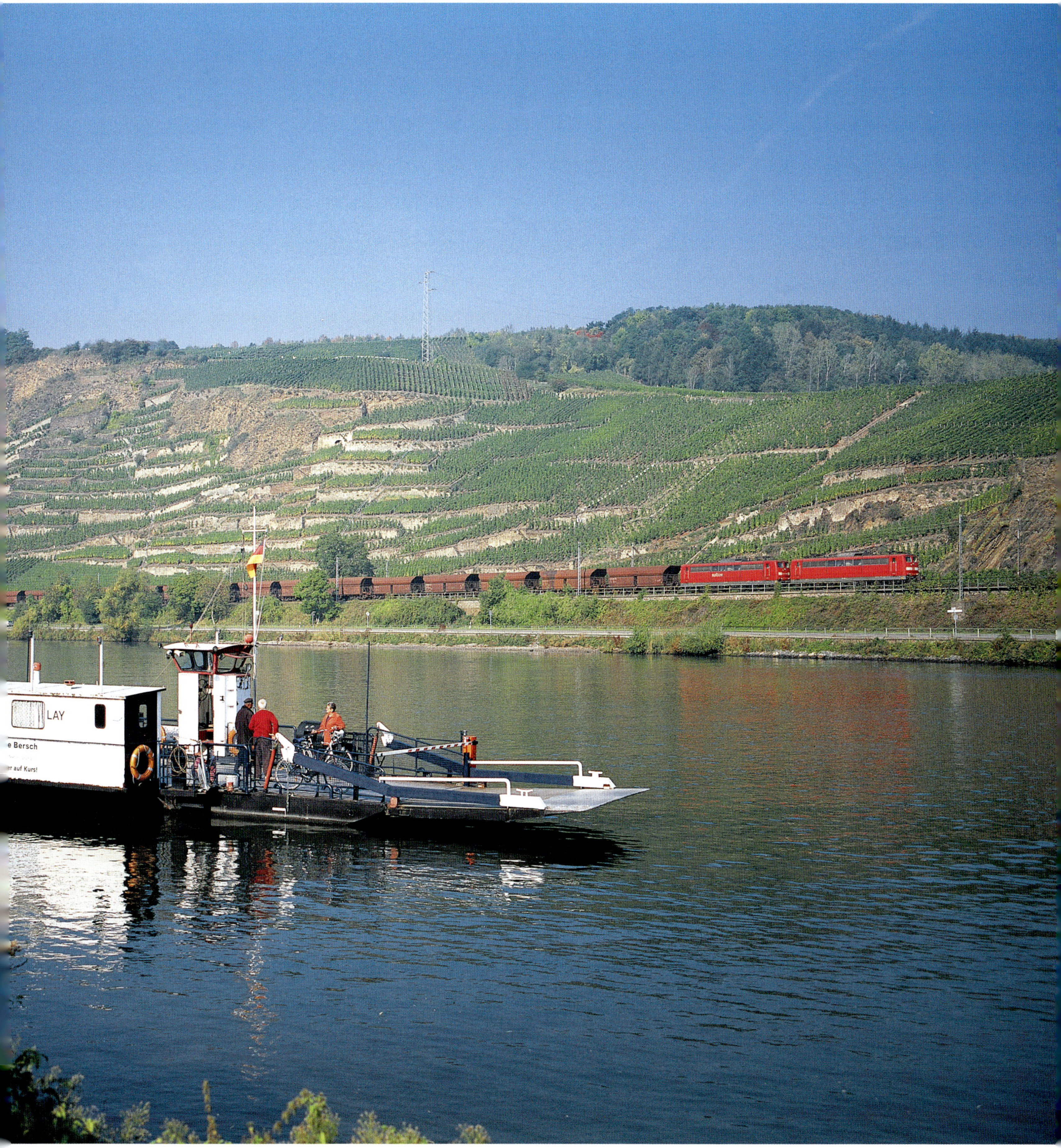
LAY
e Bersch
er auf Kurs!

Moselstrecke

Immer wieder treffen an der Mosel Schiff und Bahn aufeinander. Es bedarf allerdings des Quäntchens Glück, um eine solche Begegnung letztlich fotografisch ausgewogen in Szene gesetzt zu bekommen. Als am 7. September 2005 die „Stadt Vallendar" der Personenschifffahrt Gilles moselaufwärts an Winningen vorüberschippert, kam der RegionalExpress nach Koblenz genau im richtigen Moment durchs Bild gefahren.

Eine farblich stimmige Komposition bilden am 22. Oktober 1990 bei der Fahrt vorbei an Winningen die Zweifrequenzlok 181 212 „Luxembourg" und die angehängten Schnellzugwagen des D 2654 Koblenz – Luxemburg. War die ozeanblau-beige Farbgebung seinerzeit unter Eisenbahnfreunden wenig gelitten, würde heutzutage ein solcher Zug die Eisenbahnfans in Scharen an die Mosel locken.

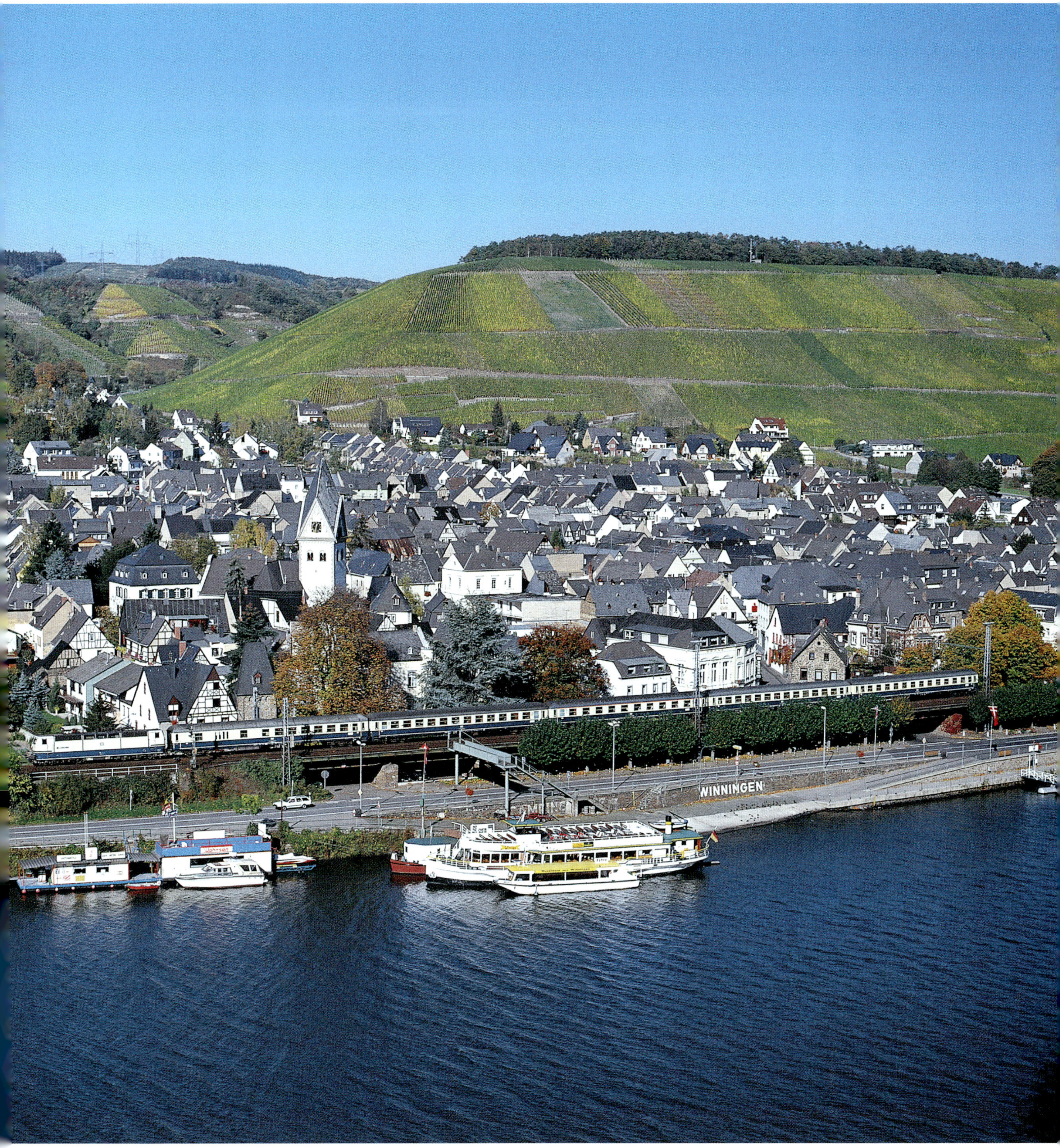
WINNINGEN

Moselstrecke

Moselstrecke

Aus Richtung Koblenz kommend, hat die SNCF-Lok 437015 mit ihrem gemischten Güterzug auf dem Weg nach Westen, den sie in Gremberg übernommen hat, am 14. September 2007 bereits die Untermosel erreicht und wird sogleich durch den Bahnhof des Weinorts Winningen rollen. Der Streckenabschnitt nördlich davon wird durch den Weinanbau in Steillage und die markanten terrassenförmig angelegten Weinhänge wie etwa die Lage des „Winninger Brückstück" bestimmt. Das völlig verrostete Bahnhofsgleis im Vordergrund scheint man entgegen den üblichen Gepflogenheiten des Gleisrückbaus hier schlicht vergessen zu haben, gefahren ist darauf jedenfalls schon lange kein Zug mehr.

Bei den Ganzzügen im Massengutverkehr zur Versorgung der Hüttenwerke mit Eisenerz folgt auf jede Lastfahrt postwendend eine Leerfahrt. Gilt es doch neben den kurzen Entladezeiten lange Stillstandzeiten der mit automatischer Kupplung versehenen Wagen möglichst zu vermeiden. Im straffen Umlauf können so zwischen Rotterdam und dem saarländischen Dillingen täglich bis zu sechs Erzzüge mit je 3800 Nettotonnen verkehren; dabei legt jeder Wagen diese Relation vier Mal pro Woche zurück. Der Erzumschlag mit der Dillinger Hütte beläuft sich auf eine Jahresmenge von bis zu 6,3 Millionen Tonnen. In Winningen befindet sich am Abend des 10. Oktober 2008 eine Leerwagengarnitur zum neuerlichen Beladen auf der Rückfahrt nach Rotterdam. Im Gegensatz zu den beladenen Erzzügen, die per se mit zwei 151ern fahren, kann es bei den Leerfahrten vorkommen, dass nur eine Ellok am Zug hängt oder aber eine dritte Maschine angehängt wird. Während die 151 115 und 151 067 für die nötige Traktion sorgen, läuft die 151 162 als „Anhängsel" abgebügelt mit.

Foto Seite 70: Für die Bespannung der 5000 Bruttotonnen schweren Erzganzzüge nach Dillingen an der Saar bedarf es einer Doppeltraktion der mit automatischen Kupplungen (UIC-Kupplung) vom Typ AK 69e ausgerüsteten Loks der Baureihe 151. Die bei derart schweren Zugverbänden auftretenden Zugkräfte erfordern generell den Einsatz der AK 69e, denen unter sicherheitsrelevanten Gesichtspunkten herkömmliche Schraubenkupplungen nicht gewachsen sind. Am 7. Oktober 2005 sind es daher die 151 102 und 151 091, die vor einem solchen Zugverband die beschauliche Ruhe gegenüber der Ortschaft Burgen unterhalb der Ruine Bischofsstein kurz durchkreuzen. An der führenden Lokomotive springt sofort die wuchtige UIC-Mittelpufferkupplung ins Auge. Die seitlich im Bereich der Lokrahmen angebrachten dreieckigen Aufkleber weisen zudem auf das Vorhandensein der automatischen Kupplung hin.

Eisenbahn am Mittelrhein – **Rhein, Ahr, Lahn und Mosel**

Moselstrecke

Ein Kuriosum stellt das Schloss Gondorf in seiner heutigen Gestalt dar. Da die einzige Wasserburg an der Mosel dem Ausbau der Bundesstraße B 416 im Weg war, ein Abriss aber nicht in Betracht kam, wurde sie 1971 kurzerhand mitten durch das historische Bauwerk geführt. Neben dem Schloss befindet sich erhöht auf einem Schieferfelsen die katholische Pfarrkirche, von wo aus sich eine schöne Perspektive mit der unmittelbar davor verlaufenden Bahnstrecke ergibt. Am 14. September 2007 war es die 181 211 mit dem IC 434 Norddeich Mole – Luxemburg, die sich – unter weitgehender Ausblendung der störenden Bundesstraße – im historischen Umfeld trefflich in Szene setzen ließ.

Moselstrecke

Mut zur Distanz: Von einem bei Kobern-Gondorf auf der Anhöhe befindlichen Aussichtspunkt aus kann man diesen Blick auf das gegenüber gelegene Gondorf genießen. Eine Perspektive, die besonders auch für die Erzganzzüge prädestiniert ist, die sich in ihrer ganzen beeindruckenden Dimension darstellen lassen. Zugleich verdeutlicht die Perspektive die genaue Lage des Schlosses Gondorf und dessen vertrackte Beziehung zu den Verkehrswegen, wie zu den Abbildungen auf den Seiten 71 und 75 erläutert. Mittlerweile selten geworden sind übrigens derartige Binnenschiffe kleiner Bauart, wie dieser am 14. September 2007 unter niederländischer Flagge fahrende Tankfrachter, der mit den Binnenschiffen größerer Bauart immer weniger konkurrieren kann.

Moselstrecke

Eisenbahn am Mittelrhein – **Rhein, Ahr, Lahn und Mosel**

Vom selben Standpunkt aus entstand am 21. September 2007 der Blick auf die unmittelbar unterhalb von einer 143er geschobene RegionalBahn 12214 mit dem Schloss Liebig zur linken. Die für 2015 vorgesehene Reform des Rheinland-Pfalz-Taktes und die damit einhergehenden Neuausschreibungen der Verkehrsleistungen legen die Vermutung nahe, dass sich auch bei den mittlerweile im Moseltal so vertrauten Einsätzen der Baureihe 143 etwas ändern wird und diese sich von der Mosel ganz verabschieden werden müssen.

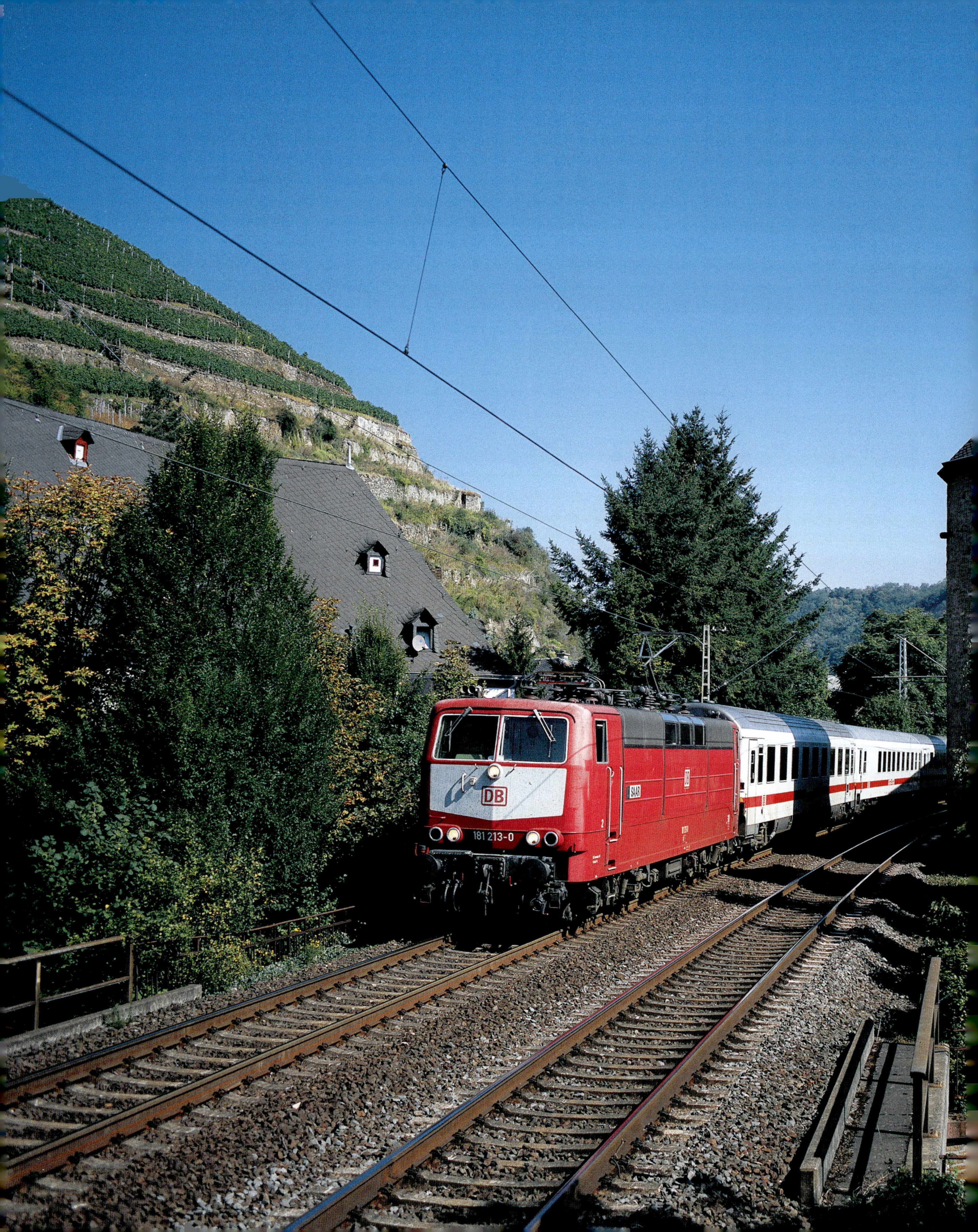
DB
181 213-0

Moselstrecke

Schloss Gondorf aus einer anderen Perspektive von der gegenüberliegenden Gleisseite auf Höhe des Abspannmastes festgehalten (siehe S. 71). Hier ist es am 5. September 2005 der IC 2334 Emden – Trier, den die auf den Namen „Saar" getaufte 181 213 kurz zuvor in Koblenz übernommen hat, und nun auf der letzten Etappe entlang der Mosel ans Ziel bringen wird. Schloss Gondorf wurde nicht erst durch den Ausbau der Bundesstraße verunstaltet, sondern musste schon sehr viel früher Beeinträchtigungen hinnehmen, als man ein Jahrhundert zuvor beim Bau der Moselstrecke die Trasse kurzerhand mitten durch die Anlage führte, die dabei in zwei Teile zerfiel. Linker Hand ist ansatzweise das Dach der anderen Hälfte, die ebenfalls noch vorhandene Vorburg, auszumachen.

Irgendwie klingen die Namen der Moselorte für den engagierten Eisenbahnfotografen durchweg wie Musik in den Ohren. Allenthalben lässt sich die Eisenbahn mit der lieblichen Flusslandschaft und den sich harmonisch einfügenden Ortsansichten in Einklang bringen. Besonders wenn man wie hier beim Moseldörfchen Kattenes in den Weinberg steigt, um gleich auch noch den gegenüber liegenden Moselort Alken mit einzubeziehen. Erhalten geblieben ist in Kattenes das alte Bahnhofsgebäude, wenngleich es seiner einstigen Aufgabe lange enthoben wurde, folglich für die ein- oder aussteigenden Reisenden der am 7. September 2005 von 143 366 geschobenen RegionalBahn 12232 von keinerlei Relevanz mehr ist. Dass hier Fahrkarten verkauft und allerlei andere Dienstleistungen dem Kunden angeboten wurden, liegt weit zurück.

Gegenüber dem rechts der Mosel gelegenen Fremdenverkehrsort Alken mit der Burg Thurant kommt am 5. September 2005 bei Löf die auf den Namen „Saar" getaufte 181 213 mit dem IC 434 gefahren. Die noch im orientroten Lack befindliche 181 213 hält heute gemeinsam mit der 181 215 als aktives Fahrzeug die Fahne hoch als dieses Farbdesign den letzten Stand bei der scheidenden Deutschen Bundesbahn darstellte.

Eisenbahn am Mittelrhein – **Rhein, Ahr, Lahn und Mosel**

In die Gegenrichtung geschaut, ergibt sich aus dem Weinberg bei Kattenes der Moselblick stromabwärts mit dem nun gegenüber liegenden Moselort Oberfell. Unverkennbar wird der Charakter des Flusslaufes als kanalisierte und durch Staustufen schiffbar gemachte Wasserstraße deutlich, denn eine nennenswerte Fließgeschwindigkeit weist die Mosel nicht auf. Gleichzeitig wird deutlich, wie harmonisch sich die Eisenbahn eigentlich in das Landschaftsbild einfügt. Die Bahntrasse passt sich am Fuß der Talhänge den topographischen Gegebenheiten des Geländes an, was die 185 195 am 23. Juni 2006 mit ihrem langen Güterzug ganz und gar unterstreicht.

Moselstrecke

Eines der beiden Gotteshäuser von Hatzenport ist die im Ort unmittelbar an der Bahn gelegene Pfarrkirche St. Rochus. Vor deren erhabener Erscheinung begegnet dem als RB 12005 nach Koblenz eingesetzten Elektrotriebwagen 425 129 am 24. Juni 2005 die entgegengesetzt laufende Leistung nach Trier, die den im Hintergrund schwach auszumachenden Haltepunkt erst noch anfahren wird. In den Genuss des neuen, unmittelbar im Ort befindlichen Haltepunktes kommen Anwohner und Besucher des Moselörtchens erst seit kurzem, war dieser doch erst wenige Wochen zuvor „ans Netz gegangen" und löste damit den außerhalb der Ortschaft gelegenen Bahnhof ab.

Im Frühjahr, vor allem aber im Herbst, sorgen Morgennebel an der Mosel für Landschaftsstimmungen, wie sie für diese Jahreszeiten in den Flussniederungen typisch sein können. Der 22. Mai 2010 war ein solcher Tag, der mit leichtem Morgennebel beginnen sollte mit dem Potenzial für stimmungsvolle Aufnahmen. Noch war es der Morgensonne nicht gänzlich gelungen, auch die letzten Nebelschwaden aus dem Moseltal zwischen Hatzenport und Burgen zu vertreiben. Folglich bestand dann auch die Gelegenheit, vom entscheidenden Standpunkt oberhalb von Hatzenport eine solche Nebelstimmung mit dem von Luxemburg nach Emden Außenhafen verkehrenden IC 331 umzusetzen, den an diesem Tag die 181 211 nach Koblenz beförderte. Auffallend ist auch, dass das Ortsbild der kleinen Moselgemeinde gleich von zwei prächtigen Kirchen bestimmt wird.

Moselstrecke

Foto linke Seite oben: Bei der Durchfahrt des D 2156 Koblenz – Saarbrücken am 24. Juni 1990 mit der 181 219 zeigt sich der Bahnhof Hatzenport noch ganz und gar in seiner landschaftstypischen Architektur. Derartige Fachwerkgebäude mit ihren Schiefer verkleideten Giebeln repräsentierten dereinst die kleinen Bahnstationen der Moselstrecke. Am Ende seiner Nutzungszeit für den öffentlichen Personennahverkehr, bis zur Inbetriebnahme des neuen Haltepunkts am 2. Mai 2005 unmittelbar im Ort, zeigte sich der Bahnhof am Ende seines bescheidenen Daseins in einem geradezu erbärmlichen Zustand, da er vor lauter Wildwuchs kaum mehr auszumachen war. Zum Abriss freigegeben, fand sich schließlich doch noch ein Interessent für die private Nutzung des schmucken, aber stark sanierungsbedürftigen Gebäudes.

Auf der Fahrt zwischen Löf und Hatzenport ist es am 21. Oktober 2007 die CFL-Lok 4004 vor einem Schrottzug, die sich in der langsam fließenden Mosel spiegelt. Die Fahrzeuge der CFL (Chemin de Fer Luxembourgeois) aus dem benachbarten Großherzogtum sind seit der Liberalisierung des Schienengüterverkehrs ebenfalls Gäste auf der Moselstrecke.

Foto linke Seite unten: Ein genauso beliebtes Fotomotiv ist die Pfarrkirche St. Johann im Weinberg der inmitten der Terrassenmosel gelegenen Ortsgemeinde Hatzenport. Vom Gehweg der am Ortsausgang am Moselufer entlang führenden Bundesstraße lassen sich in den Vormittagsstunden die nach Osten fahrenden Züge ablichten. Am 5. September 2005 ist es der IC 435 Luxemburg – Norddeich Mole, den es für die 181 215 nach Koblenz zu bringen gilt. Die Lokomotive trägt noch die orientrote Farbgebung mit weißen Lätzchen an den Stirnseiten, wie sie von der Deutschen Bundesbahn 1987 eingeführt worden war. Die umweltfreundlichen Farben erwiesen sich jedoch als nicht sonderlich lichtecht, verblassten sie doch allzu schnell zu einem unansehnlichen „Schweinchenrosa", während die weißen Kontrastflächen als „Insektenfänger" ständig verdreckt waren. Umso erfreulicher ist der frische Lack der im alten Bundesbahn-Outfit laufenden Maschine, kommt doch seit 1997 an sich nur noch die bis heute gültige verkehrsrote Lackierung mit den lichtgrauen Kontrastbalken an den Stirnseiten zur Ausführung.

Moselstrecke

Erhalten geblieben ist der aus dem Jahr 1909 stammende Bahnhof Moselkern mit seiner landschaftstypischen Architektur. Auf der Grundlage der Denkmalliste des Landes Rheinland-Pfalz wird er auf der „Liste der Kulturdenkmäler in Moselkern" als erhaltenswerte Gesamtanlage mit Gleis aufgeführt, die eingeschossige Empfangshalle, den Fachwerkgüterschuppen sowie den zweigeschossigen Wirtschaftsteil mit Wohnung umfassend. Die beiden am Bahnsteig auf die RegionalBahn wartenden Herren dürfte das kaum interessiert haben, ihnen war vielmehr daran gelegen, dass die Bahn pünktlich fährt. Entstanden ist die Aufnahme am 25. Mai 2009 von einem Standpunkt aus der Böschung gegenüber dem Bahnhof, nachdem diese wenige Wochen zuvor gerodet worden war. Das regte den Wildwuchs der gestutzten Pflanzen derart an, dass die Böschung kurz darauf schon wieder verkrautet war und damit dieser Fotostandpunkt für nur sehr kurze Zeit zur Verfügung stand.

Dass sich entlang der Moselstrecke allenthalben reizvolle Motive eröffnen, wird einmal mehr beim beschaulichen Fremdenverkehrsort Moselkern am Elzbach deutlich, dessen Lauf die Bahn am Ortsausgang kreuzt. Vor der Katholischen Pfarrkirche St. Valerius strebt hier am 20. Mai 2009 die 181 207 mit dem IC 334 westwärts. Wenn unter touristischen Aspekten die Sprache auf Moselkern kommt, geht es mit Sicherheit um die Sehenswürdigkeit im nahen Elzbachtal. Die Rede ist von Burg Eltz, mit ihren zahllosen Türmen und Erkern der Inbegriff einer Ritterburg. Ein lohnendes Ausflugsziel übrigens auch für passionierte Bahnfahrer, das wunderbar unmittelbar vom Bahnhof aus auf einer Rundwanderung per Pedes (ca. 11 km) besucht werden kann.

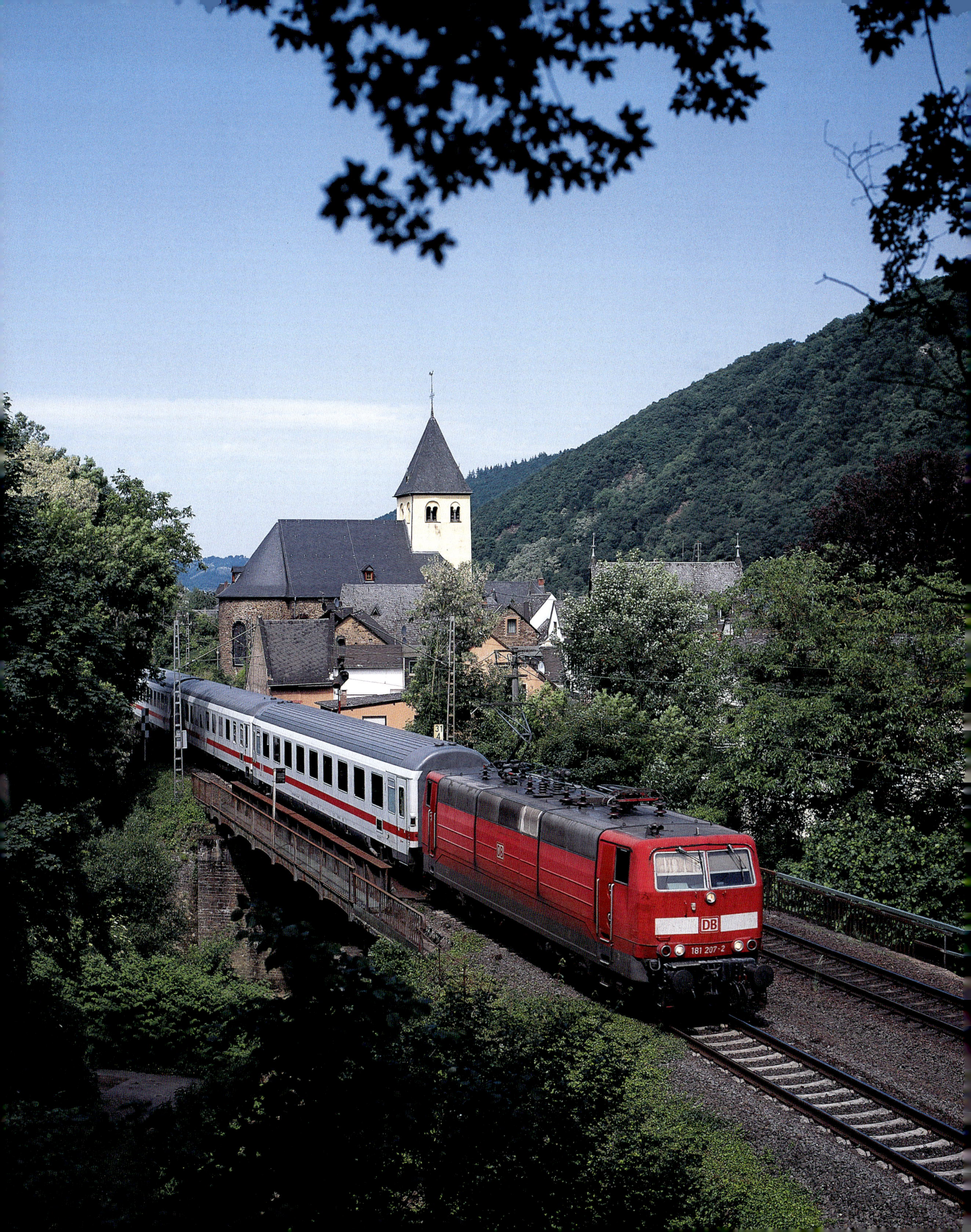
181 207-2

Moselstrecke

Solche durch Drehkreuze gesicherte Fußwegübergänge sind entlang der Moselstrecke noch häufiger anzutreffen. Ansonsten ist diese Form der Gleisquerung für Fußgänger seltener geworden, da sie modernen Sicherheitsstandards nicht mehr entsprechen. An der Mosel sichern sie auch keine öffentlichen Wegübergänge mehr, sondern dienen lediglich noch örtlichen Winzern als Zugang zu ihren Weinbergen, die anderweitig nicht oder nur schwer zugänglich sind. Bei Klotten führt ein solcher Überweg von der rechts unterhalb des Bahndamms gelegenen Straße über mehrere Treppen unmittelbar in den steil aufragenden Weinberg, der zum Gleis hin eine recht aufwendige Hangverbauung aufweist. Für den am 18. Oktober 2005 mit der 181 201 bespannten InterCity 434 Norddeich Mole – Luxemburg sollte diese Begebenheit dann auch die passende Location sein.

Eisenbahn am Mittelrhein – **Rhein, Ahr, Lahn und Mosel**

Moselstrecke

Mit dem D 2656 Koblenz – Luxemburg am Haken führte der Weg der 181 206 am 11. April 1991 zwischen Klotten und Cochem an einer ähnlichen Hangverbauung entlang, nur dass der Fußwegübergang hier bereits aufgelassen war. Die oberhalb im Weinberg neu angelegte Zufahrt erleichtert den Winzern die Arbeit, sie brauchen nun während der Weinlese die Traubenkiepen nicht mehr mühselig den weiten Weg hinunter über die Gleise zu schleppen.

Am 31. März 2009 durcheilt die 181 223 mit unvermindertem Tempo den nur von RegionalBahn-Zügen angefahrenen Haltepunkt in Klotten, um den IC 333 geradewegs nach Koblenz zu bringen. Selbstverständlich verfügt der Winzerort über ein stattliche Kirche, die erhaben über der 1300-Seelen-Gemeinde thront. Die spätgotische Hallenkirche St. Maximin reiht sich in den Reigen der vielen sehenswerten Kirchen entlang der Mosel ein.

Eisenbahn am Mittelrhein – **Rhein, Ahr, Lahn und Mosel**

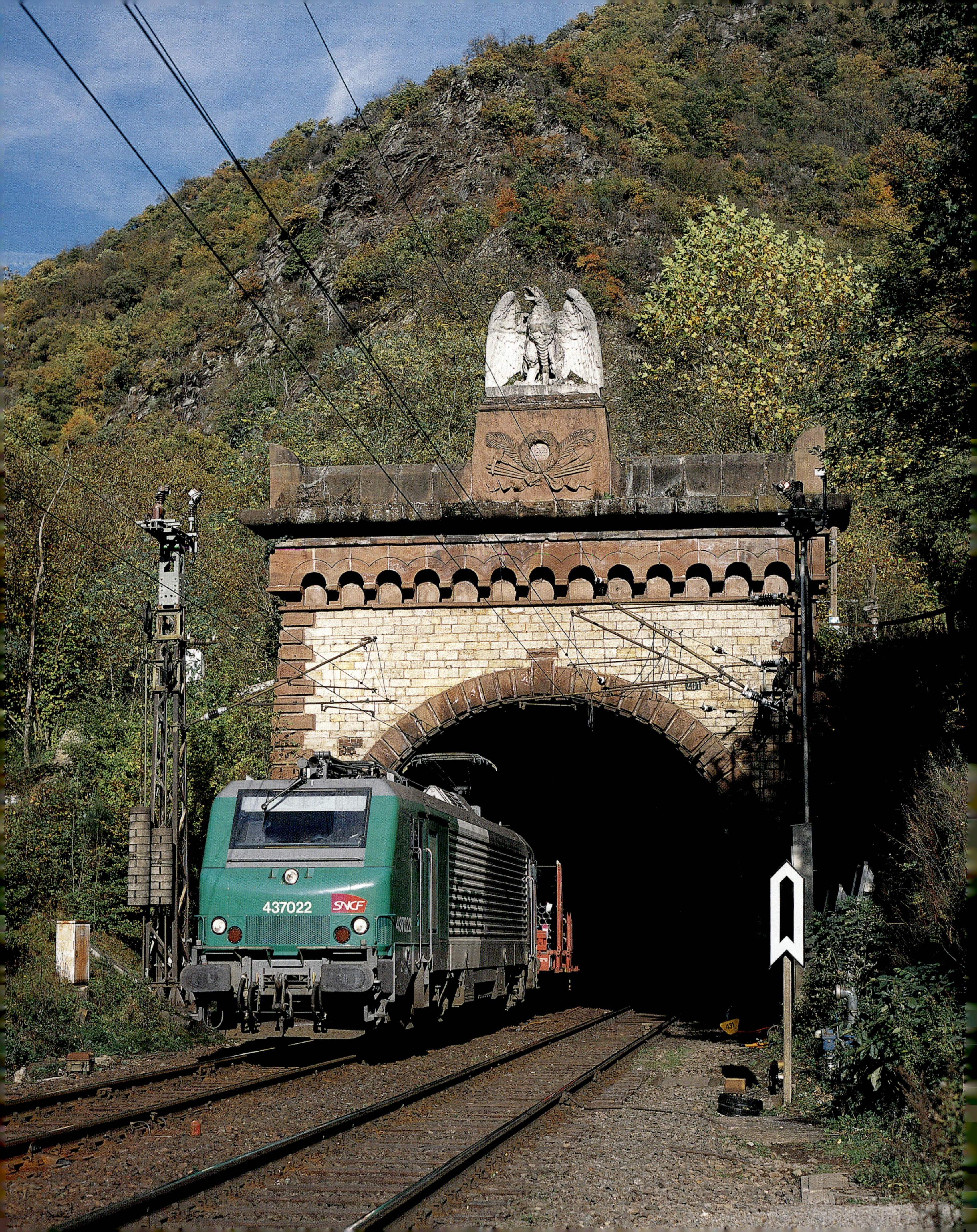
437022
SNCF

Moselstrecke

Foto linke Seite: Auf der Südseite des altehrwürdigen Kaiser-Wilhelm-Tunnels tritt am 26. Oktober 2006 die SNCF-Lok 437022 ans Tageslicht. Über den Dingen steht auf der Portalkrone der preußische Adler und markierte die einstige Bedeutung des Kaiser-Wilhelm-Tunnels, der mit 4205 Metern als Deutschlands längster zweigleisiger Regelspurtunnel galt und erst Mitte der 1980er Jahre im Zuge des Baus der Hochgeschwindigkeitsstrecken durch gleich mehrere deutlich längere Tunnelbauwerke vom Thron gestoßen werden konnte (z.B. vom 10.779 m langen Landrücken-Tunnel der NBS Hannover – Würzburg). Unmittelbar rechts daneben entsteht derzeit die neue Röhre des Kaiser-Wilhelm-Tunnels. Nach deren Inbetriebnahme erfolgt die grundlegende Sanierung des alten Bauwerks, das nach Abschluss der Arbeiten nur noch das Gleis in Richtung Trier aufnimmt, während das Gleis in Richtung Koblenz durch den neuen Kaiser-Wilhelm-Tunnel führen wird.

Spotlight im Schatten des Calmont: Das am 31. August 2005 vorherrschende Abendlicht lässt die Überfahrt der RegionalBahn 12234 mit der 110 326 auf der Moselbrücke bei Ediger-Eller geradezu kulissenhaft erscheinen, hervorgerufen durch die rundum bereits im Schatten liegende Landschaft, während über den Bergkamm des Calmont gerade noch die letzten Sonnenstrahlen auf die Brücke treffen.

Eisenbahn am Mittelrhein – **Rhein, Ahr, Lahn und Mosel**

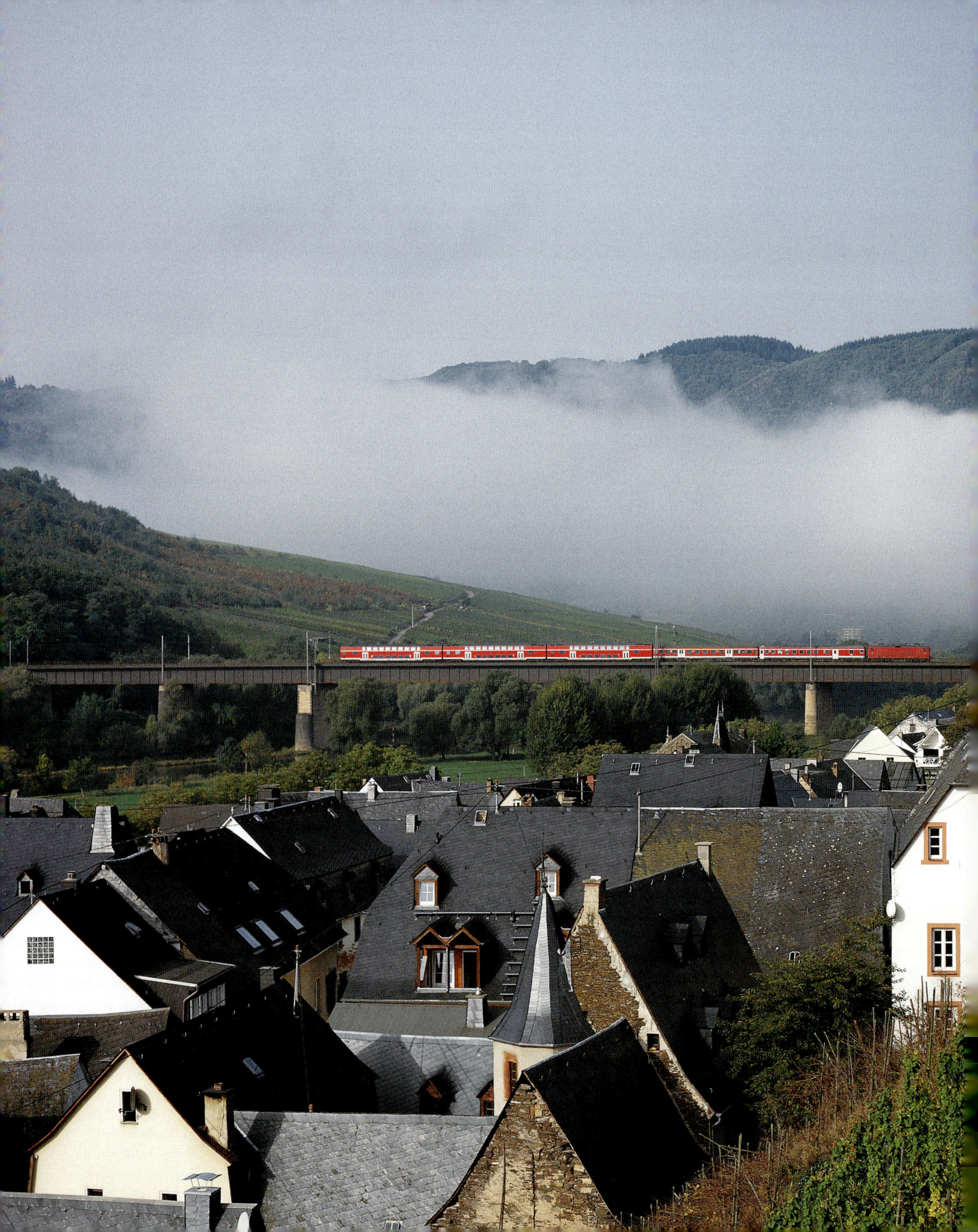

Moselstrecke

Fotografischer Glücksmoment: Nach wiederholtem Anlauf sollte es am 13. Oktober 2001 endlich gelingen, auf der Moselbrücke bei Ediger-Eller einen Personenzug vor dem Hintergrund einer sich auflösenden Nebelbank im Bild festzuhalten. In diesem Bereich der Mosel wird die Bildung von Nebelbänken durch den dahinter steil aufragenden Camont begünstigt. Europas steilster Weinberg hindert den Nebel quasi daran, sich allzu schnell davon zu machen. Dennoch bleibt letztlich nicht viel Zeit, derartige Wetterphänomene fotografisch umzusetzen, hat die Sonne erst ihr „zerstörerisches Werk" begonnen. Kommt nämlich im entscheidenden Moment kein Zug gefahren, ist es um solche Gelegenheiten schnell wieder geschehen, dann bleibt nur bei passender Gelegenheit einen neuerlichen Versuch zu wagen. Der RegionalExpress 22009 Saarbrücken – Koblenz überquerte die Moselbrücke jedenfalls im genau entscheidenden Moment. Die landschaftstypische Schiefereindeckung der Häuser im Ortsteil Eller und der hinter dem Weinhang hervorlugende spätromanische Turm der Ortskirche sorgten gleich noch für einen ansprechenden Vordergrund.

Moselstrecke

Mit einem stattlichen Kohleganzzug, der beinahe die Längenausdehnung des Wein- und Ferienortes Neef ausmacht, sind am 28. Oktober 2005 die 140 767 und 140 832 in Richtung Saarland unterwegs. Bestimmt ist der fossile Brennstoff für eines der dort ansässigen Kohlekraftwerke. Obwohl das Saarland über bedeutende Kohlevorkommen verfügt, steht die letzte Zeche (Bergwerk Ensdorf) vor dem unmittelbaren Aus. Es ist allemal billiger, das Schwarze Gold aus fernen Ländern nach Europa bzw. Deutschland zu schippern und von den See- oder Binnenhäfen mit der Bahn an die Saar zu bringen. Die vor Ort geförderte Kohle ist unter wirtschaftlichen Gesichtspunkten nicht ansatzweise mehr konkurrenzfähig. Dass dabei die Transport-Ökobilanz gänzlich unberücksichtigt bleibt, sei nur am Rande angemerkt.

Was nebenstehend hinsichtlich der Transport-Ökobilanz zutreffend ist, gilt prinzipiell auch für den wichtigen Rohstoff Eisenerz. Nur mit dem einen Unterschied, dass es hierzulande keine nennenswerten Eisenerzvorkommen mehr gibt, erst recht nicht bei den heutigen Qualitätsanforderungen an diesen Rohstoff. Logistische Transportketten sind daher unabdingbar. Nicht umsonst stellen die Erztransporte in der heutigen Konstellation mit den modernen sechsachsigen Selbstentladewagen der Bauart Faals 150/151 respektive Falrrs 152/153 zur Versorgung der Dillinger Hütte seit über drei Jahrzehnten eine verlässliche Größe dar. Lediglich die Bespannung der Erzzüge hat sich mittlerweile geändert, die am 13. September 2005 noch ganz in der Hand der Güterzuglokomotiven der Baureihe 151 lag, als zwei Maschinen bei Neef eine Leerwagengarnitur gen Rotterdam bringen. Seit geraumer Zeit hat nun die Baureihe 189 die hehre Aufgabe inne, die Erzzüge transportieren zu dürfen.

Moselstrecke

Schwanengesang an der Mosel: Die Zweifrequenzlokomotiven der Baureihe 181.2 sind seit ihrer Ablieferung im Jahr 1975 ohne Unterlass vor den Schnell-, InterRegio- und InterCity-Zügen an der Mosel anzutreffen. Doch wird der Splittergattung seit Jahren schon ein baldiges Ende vorausgesagt. Noch aber fahren sie wie schon die am 31. August 2005 bei St. Aldegund unbekannt gebliebene 181.2 vor den InterCity-Zügen unermüdlich die Mosel auf und ab. Für Ende 2014 kündigen sich nun im Rahmen der Neuausrichtung des Rheinland-Pfalz-Taktes gravierende Einschnitte an…

Zu den weithin bekannten Bauwerken der Moselstrecke zählt die doppelstöckige Stahlfachwerkbrücke für den kombinierten Straßen- und Eisenbahnverkehr, die den Moselort Bullay mit dem gegenüber gelegenen Wein- und Fremdenverkehrsort Alf verbindet. Der Ursprung der Doppelstockbrücke geht auf den Bau der Moselstrecke zwischen 1874 und 1879 zurück, bevor sie in den Jahren 1928/29 aufgrund der gestiegenen Anforderungen im Zugbetrieb verstärkt und umgebaut werden musste. Bei einem Fliegerangriff und beim Rückzug der deutschen Truppen am Ende des Zweiten Weltkrieges zerstört, wurde sie unter Beteiligung der französischen Besatzer bis 24. April 1947 in der alten Form wiederaufgebaut und blieb seither (abgesehen von den im Zuge der Streckenelektrifizierung seitlich angebrachten Oberleitungsmasten) in ihrer charakteristischen Form erhalten. Die Überfahrt der Zugkomposition des IC 432 „Borkum" Emden Außenhafen – Luxemburg mit der 181 206 am Abend des 31. August 2005 dürfte diesen Tatbestand nachdrücklich unterstreichen.

Foto Seite 94/95: Gegenüber der nebenstehenden Abbildung handelte es sich bei diesem in fast identischer Fahrplanlage verkehrenden Zug noch um einen waschechten InterRegio, der am 9. August 1998 auf der Doppelstockbrücke bei Bullay mit einer Zweisystemlokomotive der Baureihe 181.2 an der Spitze als IR 2430 „Wattenmeer" Cuxhaven – Luxemburg unterwegs war. Von der Zuggattung des InterRegio sollte sich die Deutsche Bahn bald schon verabschieden, hatte das Angebot unter den DB-Oberen längst nur noch den Status des ungeliebten Kindes aus den Tagen der Deutschen Bundesbahn, das es loszuwerden galt. An der Mosel sollte mit dem Entfall des InterRegio-Angebots dennoch alles beim Alten bleiben. Lediglich die Wagen wurden umlackiert und das Zugangebot zum InterCity „aufgewertet". Für die Bahnkunden mit einem höheren Fahrpreis verbunden, sie müssen nunmehr zusätzlich einen IC-Zuschlag lösen! Ungeachtet dessen, sorgen die im beschaulichen Moselhafen von Alf an der Leine liegenden Barkassen und der stromabwärts schippernde Binnenfrachter für das passende Ambiente.

Eisenbahn am Mittelrhein – **Rhein, Ahr, Lahn und Mosel**

Moselstrecke

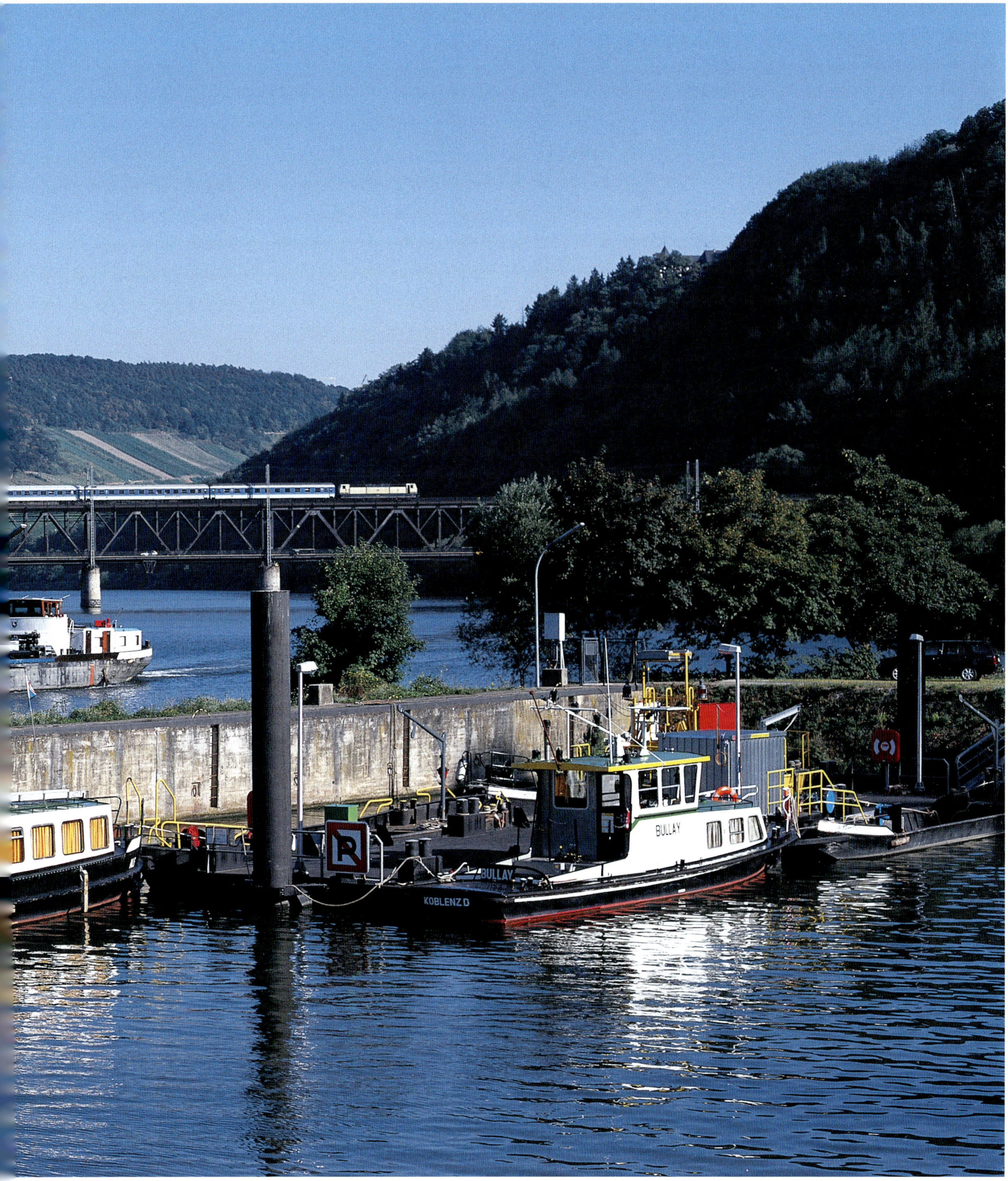
BULLAY
KOBLENZ D

Zweifelsohne ist der Pünderlicher Hangviadukt am nördlichen Moselufer neben dem Kaiser-Wilhelm-Tunnel das herausragende Bauwerk der Moselstrecke. Zugleich stellt der auch „Pünderlicher Galerie" genannte Hangviadukt aufgrund seiner Dimensionen im deutschlandweiten Vergleich eine Besonderheit dar. Bestehend aus 92 Gewölbebögen mit einer Gesamtlänge von 786 Metern ist er der mit Abstand längste seiner Art. Der einst militärstrategisch motivierte Bau der Moselstrecke als Teil der so genannten „Kanonenbahn" von Berlin nach Metz wird bei genauer Betrachtung wegen der aufwändigen Kunstbauten nur zu deutlich. Unterstrichen durch die beim Schlusssteinfest am 7. Oktober 1880 in den Hangviadukt eingemauerte und bei Sanierungsarbeiten anlässlich der Streckenelektrifizierung gefundene Urkunde. Ein historisches Zeitdokument, das auszugsweise wiedergegeben, Aufschluss über die Umstände zum Zeitpunkt des Baus gibt: „Die Moselbahn wurde in militärischem Interesse gebaut, um die deutschen Heere rasch nach Frankreich werfen zu können, dem wir in dem Krieg von 1870/71 unser altes Besitztum Elsaß-Lothringen wieder abgenommen haben. Aus diesem Grunde und weil die eitle französische Nation es überhaupt schwer verwinden kann, geschlagen zu sein, wird sie jede für sie günstige Gelegenheit benützen, mit uns Krieg anzufangen. Der preußische Staat hat deshalb zuerst eine Spur der Bahn von Berlin nach Metz gebaut und, als diese fertig war, die zweite daneben gesetzt, um das Kriegsmaterial in der kürzesten Zeit an die Grenze werfen zu können." Geradezu friedlich ging es dagegen am 20. September 2005 inmitten des Blütenmeers bei der Überfahrt des IC 436 Norddeich Mole – Luxemburg mit der 181 204 zu.

Moselstrecke

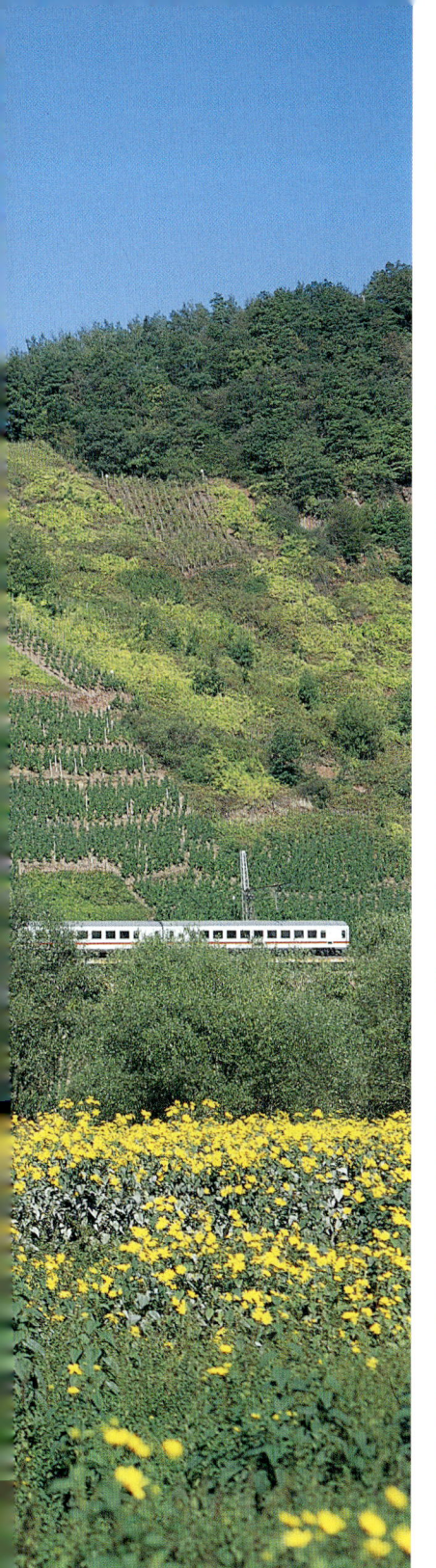

Die von Bullay ausgehende und beim ehemaligen Bahnhof Pünderich von der Moselstrecke abzweigende Moselweinbahn nach Traben-Trarbach wurde für einige Jahre mit Dieseltriebwagen vom Typ Stadler Regio-Shuttle RS1 der trans regio Deutsche Regionalbahn GmbH bedient. Bis das Eisenbahnverkehrsunternehmen die Leistungen am 14. Dezember 2008 wieder an DB Regio Südwest abgeben musste. Lange bevor die heute eingesetzten DB-Triebwagen der Baureihe 628.4 auftauchten, konnte am 30. August 2005 noch ein Regio-Shuttle-Triebwagen auf dem Hangviadukt kurz vor dem Eintauchen in den Prinzenkopf-Tunnel festgehalten werden. Darf man dem Zukunftskonzept des „Rheinland-Pfalz-Takt 2015" Glauben schenken, gibt es Bestrebungen, die Moselweinbahn zu elektrifizieren und die Zugfahrten bis nach Koblenz durchzubinden.

Im Verlauf der RegionalExpress-Linie RE 1 Koblenz – Saarbrücken setzt DB Regio Südwest unverändert auf lokbespannte Doppelstock-Wendezüge mit der Baureihe 143, ebenfalls am 30. August 2005 auf dem Hangviadukt gesehen. Die für 2015 vorgesehene Neuausrichtung der RegionalExpress-Linien im Verbund des Rheinland-Pfalz-Takts sieht für die RE 1-Linie mehr Direktverbindungen vor: Neben den stündlichen Fahrten Koblenz – Trier – Saarbrücken werden diese darüber hinaus zweistündlich über Kaiserslautern bis nach Mannheim durchgebunden. In Trier Flügelung der aus Richtung Koblenz kommenden RE-Züge nach Luxemburg. Dadurch ist künftig für das Großherzogtum eine stündliche Direktanbindung an den IC-Knoten Koblenz gegeben, allerdings verbunden mit der bitteren Pille, dass dann die InterCity-Züge auf der Moselstrecke entfallen, folglich sich damit auch deutliche Veränderungen bei den Triebfahrzeug-Einsätzen, wohl auch mit dem endgültigen Aus für die Baureihe 181.2, ergeben werden.

Eisenbahn am Mittelrhein – Rhein, Ahr, Lahn und Mosel

Moselstrecke

Übergangsweise wurden die RegionalExpress-Züge auf der Moselstrecke sogar von den Elloks der Baureihe 111 mit S-Bahn-Lackierung bespannt. Am 26. August 2000 fährt 111 155 den RE 22008 zwischen Koblenz und Trier. Mangels ausreichend vorhandener Doppelstockwagen kommt die Garnitur nach Verlassen des 459 Meter langen Prinzenkopf-Tunnels über den sich unmittelbar anschließenden Hangviadukt mit eingestellten RegionalBahn-Wagen recht bunt zusammengewürfelt gefahren. Kurz darauf wird der Zug beim ehemaligen Bahnhof Pünderich gleich wieder in den 504 Meter langen Reilerhals-Tunnel verschwinden, sich von der Mosel abwenden, auf dem weiteren Weg die Ausläufer der Eifel tangieren, um dann erst wieder kurz vor Trier bei Schweich auf den Flusslauf zu treffen.

Moselstrecke

Seit 2005 zeigt die Bahnfrachtabteilung der Französischen Staatsbahn, SNCF Fret, mit den Elloks der Baureihe BB 37000 Präsenz auf der Moselstrecke. Im Durchlauf gelangen sie unter anderem von Metz nach Gremberg bis vor die Tore Kölns. Am Westkopf der Pündericher Galerie kommt am frühen Nachmittag des 28. Oktober 2005 bei prächtiger Herbstlaubfärbung die 437024 mit einem ellenlangen Güterzug aus Richtung Gremberg gefahren. Aufgenommen von einer der eigens im Zuge des kurz zuvor eröffneten Kulturwanderweges „Kanonenbahn" eingerichteten Aussichts- und Fotografier-Plattformen.

Foto Seite 100/101: Dem Bau der strategischen „Kanonenbahn" Berlin – Metz war es zu verdanken, dass Koblenz im vorletzten Jahrhundert einen weiteren Rheinübergang für die Eisenbahn bekam (neben der Pfaffendorfer Rheinbrücke, die bis 1899 für den Eisenbahnverkehr aufgegeben wurde). Zeitgleich mit der Moselstrecke erfolgte am 15. Mai 1879 die Inbetriebnahme der Horchheimer Eisenbahnbrücke bei Rheinkilometer 588,52 als Bindeglied zwischen Moselstrecke und linker Rheinstrecke einerseits sowie rechter Rheinstrecke und Lahntalbahn andererseits. Am Ende des Zweiten Weltkriegs von deutschen Pionieren gesprengt, erfolgte bis 15. Juli 1947 die eingleisige behelfsmäßige Instandsetzung. Der zweigleisige Wiederaufbau in endgültiger Form kam bis September 1961 zustande. Die beiderseits der Gleise befindlichen Fuß- und Radwege, die wegen Baufälligkeit zeitweilig gesperrt werden mussten, sorgten in den vergangenen Jahren in der Lokalpresse immer wieder für Schlagzeilen. Es bildete sich sogar eine Bürgerinitiative „PRO Horchheimer Brücke", um einer geordneten Instandsetzung Nachdruck zu verleihen. Lange vor dieser ärgerlichen Entwicklung stellte in den neunziger Jahren das via Horcheimer Eisenbahnbrücke rechtsrheinisch nach Köln laufende Saisonschnellzugpaar des D 1271/1273 Cerbère – Köln – Port Bou mit dem ungewöhnlichen Laufweg von der Costa Brava in die Domstadt und retour eine willkommene Bereicherung des Bahnbetriebs dar. Frequentierten doch ansonsten den Rheinübergang nur Züge im Vorort- und Regionalverkehr. Am 20. Juli 1995 war es die 181 209 mit dem aus französischen Reisezugwagen gebildeten D 1272, der für die besagte Abwechslung im Betriebsalltag sorgte.

Horchheimer Brücke

Eisenbahn am Mittelrhein – Rhein, Ahr, Lahn und Mosel

Horchheimer Brücke

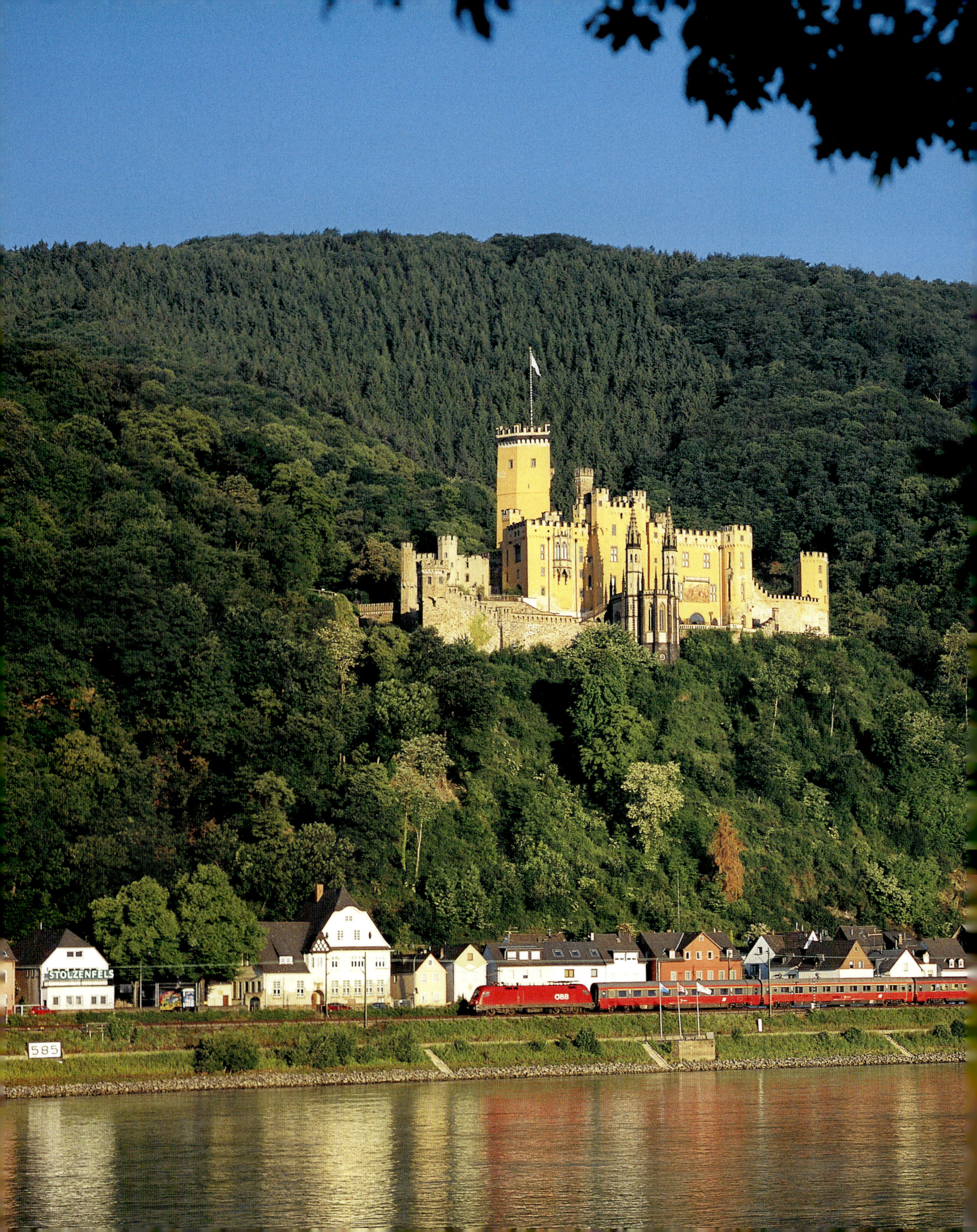
STOLZENFELS
585
ÖBB

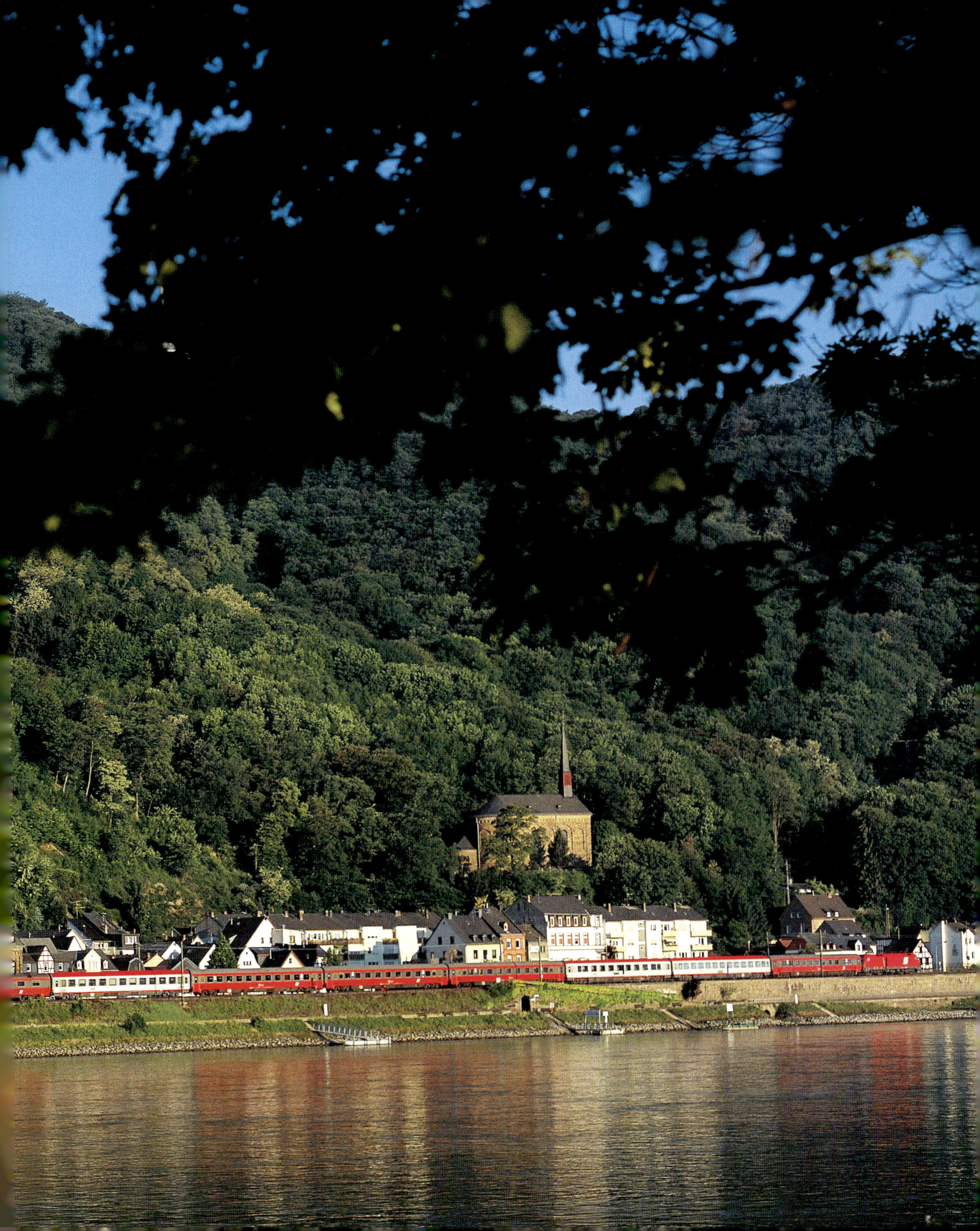

Rechte Rheinstrecke

Foto Seite 102/103: Im Bereich der Lahnmündung befindet sich linksrheinisch oberhalb des Koblenzer Stadtteils Stolzenfels das gleichnamige Schloss. Die auf das Jahr 1242 zurückgehende Zollburg wird nach ihrer Zerstörung 1689 und einem langen Dasein als Ruine zwischen 1836 und 1842 im Stil der Rheinromantik als Schloss wiederaufgebaut und springt heute alleine schon durch den ockerfarbenen Anstrich weithin sichtbar ins Auge. Das rund 60 Meter über dem Rhein befindliche Schloss Stolzenfels unterstreicht nicht nur die vielbeschworene Rheinromantik, sondern der unterhalb verlaufende Streckenabschnitt ermöglicht die passende fotografische Umsetzung selbst langer Zugverbände wie hier den EuroCity 25 Dortmund – Budapest-Keleti pu mit den an beiden Zugenden befindlichen ÖBB-Tauri. Die am 28. Mai 2004 zur frühen Morgenstunde perfekte Lichtstimmung tat ein Übriges zum Gelingen dieses atmosphärischen Motivs.

Dort, wo die Lahn in den Rhein mündet, führt die rechte Rheinstrecke zwischen Oberlahnstein und Niederlahnstein über eine recht moderne, aber dennoch fotogene Stahlbogenbrücke. Mit vereinten Kräften poltern 140 665 und 140 847 am Vormittag des 17. März 2004 mit einem Güterzug in schneller Fahrt über die Lahnbrücke. Aus dem Koblenzer Stadtwald lugt unübersehbar der auf dem Gipfel des Kühkopfs befindliche Fernmeldturm herüber. Sehenswerter sind allerdings die am Lahnanleger dümpelnden Boote. Hausboot und der offensichtlich im Umbau begriffene Frachter sind älteren Datums, dürften das der Lokomotiven übersteigen.

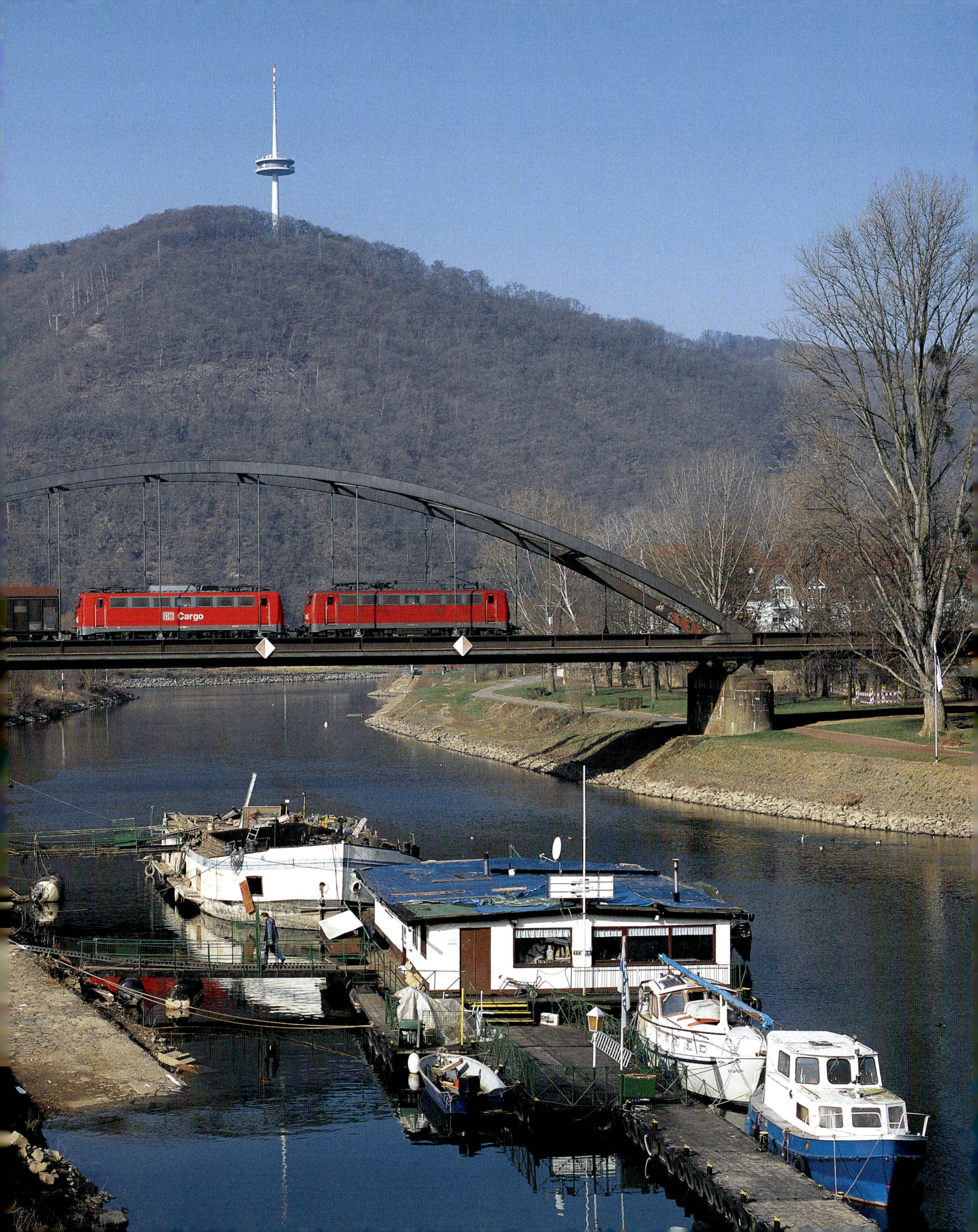
DB Cargo

Lahntalbahn

Unweit des Zusammenflusses von Rhein und Lahn thront über der Stadt Lahnstein auf einem vorspringenden Felsen die auf das Jahr 1226 zurückgehende Burg Lahneck. Seit 2002 zählt sie zum UNESCO-Welterbe Oberes Mittelrheintal, was übrigens auf alle dort befindlichen Burgen und Schlösser zutrifft. Auf der unterhalb der wehrhaften Burganlage vorbeiführenden, im Abschnitt Niederlahnstein – Hohenrhein eingleisigen, Lahntalbahn knattert am 23. Mai 1988 der als N 6909 Koblenz – Limburg (Lahn) verkehrende Uerdinger-Schienenbus durch den sonnigen Montagmorgen seinem Ziel entgegen.

Bereits seit dem Planwechsel im Dezember 2004 bestreitet die in Limburg an der Lahn ansässige vectus Verkehrsgesellschaft mit ihren modernen Triebwagen vom Typ CORADIA LINT die Nahverkehrsleistungen in der Relation Limburg – Koblenz, die sie von der Deutschen Bahn übernommen hatte. Als der Triebwagen VT 260 am 22. September 2005 auf der Fahrt nach Koblenz die Lahnbrücke zwischen Hohenrhein und Niederlahnstein passiert, lässt deren rostbraunes Outfit unübersehbar auf einen dringend erforderlichen Neuanstrich schließen, der natürlich wegen der seinerzeit angepeilten Mehdornschen Börsenbahn ausblieb.

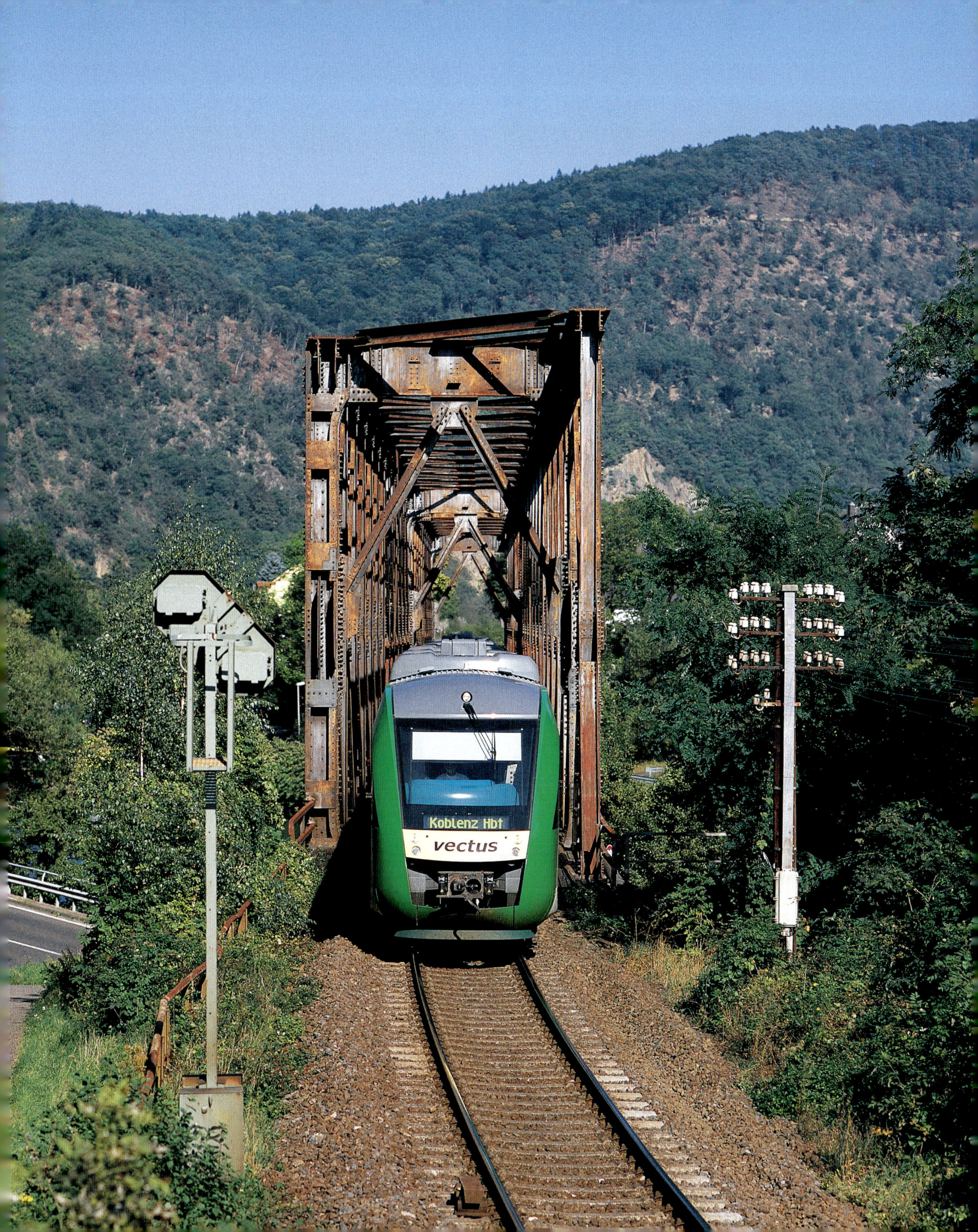
Koblenz Hbf
vectus

Lahntalbahn

Gegenüber Kalkofen verlässt am 30. Juni 1987 die 216 110 (Bw Gießen) mit dem E 3761 Koblenz – Gießen den mit 592 Metern zweitlängsten Tunnel der Lahntalbahn. Das zinnenbewehrte Ostportal des Kalkofener Tunnels trägt die Handschrift der von der Herzoglich Nassauischen Staatseisenbahn beauftragten Baumeister, die unter Leitung des Schöpfers der Lahntalbahn, Oberingenieur Moritz Hilf, unverkennbar ihre architektonischen Fähigkeiten unter Beweis stellen durften. Verunstaltet wird der Fotopunkt durch einen jüngst unmittelbar vor dem grünen Wagenkasten platzierten Funkmast.

108 Eisenbahn am Mittelrhein – **Rhein, Ahr, Lahn und Mosel**

Lahntalbahn

Das war die Deutsche Bundesbahn in den achtziger Jahren: Bei der Ankunft in Dausenau setzt sich am 7. März 1987 der N 6928 Gießen – Koblenz aus der Gießener 216 125, dem Behelfspackwagen und zwei Mitteleinstiegswagen zusammen. Eine Zugkomposition, wie sie in jenen Tagen nicht nur auf den Gleisen der Lahntalbahn anzutreffen war. Abgesehen vom vierachsigen Expressgut-Gepäckwagen, der in den fünfziger Jahren aus zwei umgebauten Behelfspersonenwagen hervorgegangen war und unverändert die dunkelgrüne Ursprungsfarbgebung aufweist, tragen die übrigen Fahrzeuge das topaktuelle ozeanblau-beige Farbkleid.

Eisenbahn am Mittelrhein – Rhein, Ahr, Lahn und Mosel

Lahntalbahn

Lahntalbahn

Ein rundum stimmiges Ensemble ergeben die örtlichen Begebenheiten am Südportal des Laurenburger Tunnels. Das zweieinhalbgeschossige Bahnwärterhaus zeigt sich noch weitgehend im Ursprungszustand, wie es um 1860 von der Nassauischen Eisenbahn für die Bahnmitarbeiter errichtet wurde. Der Wagenkasten eines lange ausgemusterten Güterwagens der Gattung G 10, der als Geräteschuppen dient, rundet mit den Telegraphenmasten die Szenerie ab. Nicht umsonst stehen Bahnwärterhaus und Tunnelportal heute unter Denkmalschutz, wenngleich das Gebäude in den Jahren nach dieser Aufnahme noch so manche unvorteilhafte Veränderungen über sich ergehen lassen musste. Die Krönung ist jedoch ein mittlerweile vom Geschäftsbereich DB Systel, unter anderem zuständig für die konzernweite Kommunikation, aufgestellter Funkmast. Platziert wurde der Betonmast am linken Absatz des Portals, der damit die Bemühungen um das denkmalgeschützte Portal geradezu konterkariert! Mit dem aus vierachsigen Umbauwagen gebildeten E 3758 verlässt am 4. September 1982 die Gießener 216 110 den Tunnel, als sich entlang der Lahntalbahn die Eisenbahnwelt wahrlich noch authentisch zeigte. Eine Abbildung, die einfach nur zum Schwelgen einlädt.

Eisenbahn am Mittelrhein – Rhein, Ahr, Lahn und Mosel

Lahntalbahn

Ein echter Klassiker unter den Fotomotiven der Lahntalbahn stellt bis heute nahezu uneingeschränkt die Vorbeifahrt an der Uferpromenade beim Fremdenverkehrsort Balduinstein dar. Besonders ins sanfte Abendlicht getaucht, gibt das Ortsbild mit der mittelalterlichen Burgruine und der Pfarrkirche St. Bartholomäus ein prächtiges Ensemble ab. Die Vorüberfahrt des als RegionalExpress 3293 eingesetzten Neigetechnik-Triebwagens der Baureihe 612, hier in Gestalt des 612 124/624, verdeutlicht trefflich, dass moderne Fahrzeuge mit dem Umfeld althergebrachter Eisenbahninfrastruktur bestens harmonieren können.

Lahntalbahn

Trotz der sichtlich in die Jahre gekommenen Bausubstanz, war das Stellwerk in Obernhof zum Zeitpunkt der Aufnahme am 30. Juni 1987 für den Zugbetrieb noch unverzichtbar. Nicht nur die 216 141 (Bw Limburg) mit den angehängten Mitteleinstiegswagen und das Nebengleis des Bahnhofs Obernhof, auf dem die Zuggarnitur als E 3763 am Stellwerk entlang fährt, haben längst den Weg allen alten Eisens genommen. Leider konnte das für die Lahntalbahn, deren Bau vor dem Ersten Weltkrieg erfolgte, typische Stellwerk als technisches Denkmal nicht erhalten werden. Vielmehr wurde es nach langem Leerstand trotz dahingehender Bemühungen im November 2009 dem Erdboden gleich gemacht.

Eisenbahn am Mittelrhein – **Rhein, Ahr, Lahn und Mosel**

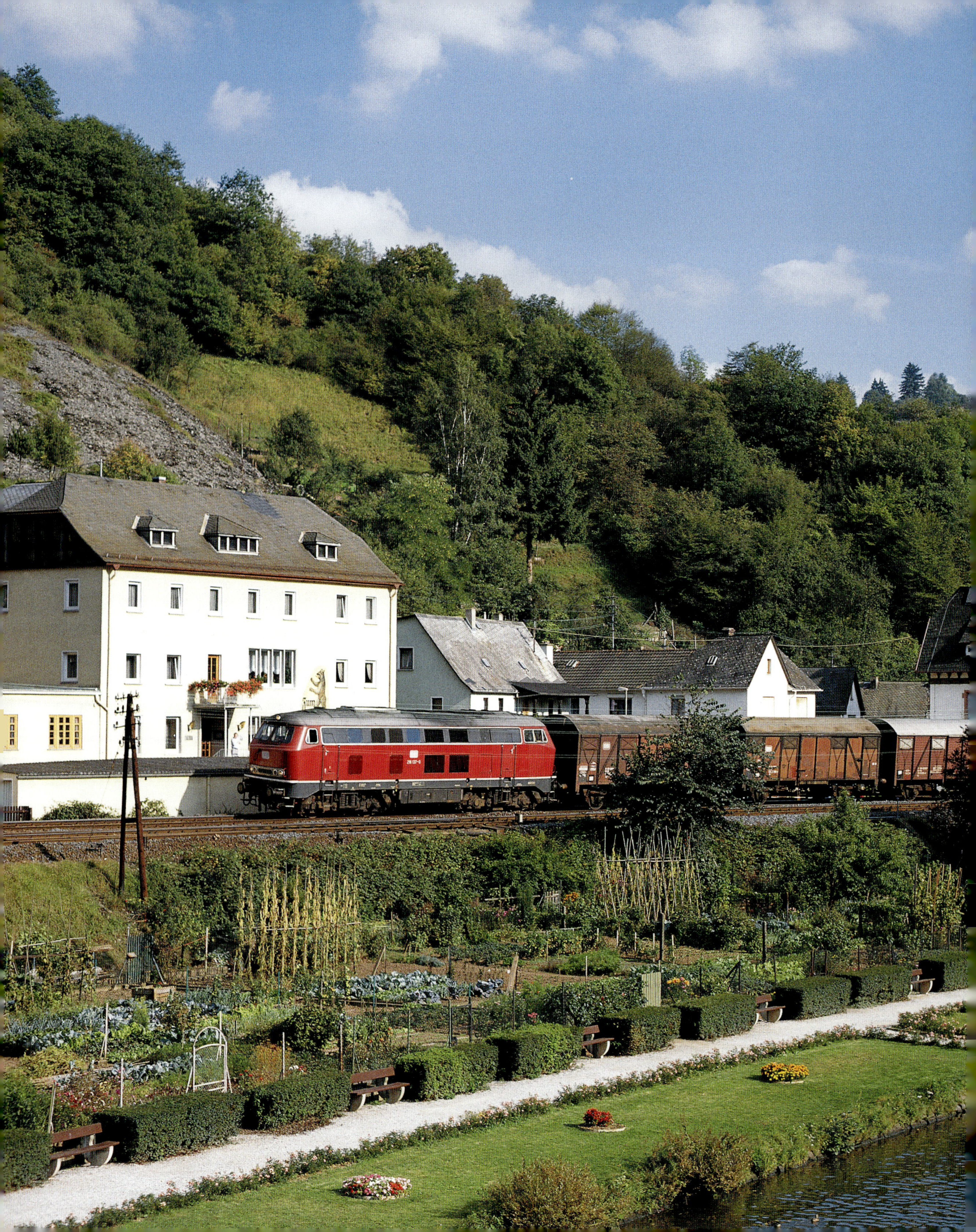

Kaum ein Motiv der Lahntalbahn dürfte unter den fotografierenden Eisenbahnfans bekannter sein als die Ortsansicht von Balduinstein im Bereich der Uferpromenade mit dem hochherrschaftlich über dem Lahntal stehenden Schloss Schaumburg. Am Nachmittag des 7. September 1988 war es die Limburger 216 137 im schon recht seltenen altroten Farbkleid, die mit der Übergabe Nassau – Limburg (Lahn) die Szene belebt. Wer das Lahnörtchen wegen seiner Abgeschiedenheit und Stille schätzen gelernt hat, was vor gut zwei Jahrzehnten beinahe für alle Ortschaften im Lahntal noch zutreffend war, wird vom Tourismus heutiger Lesart wenig begeistert sein.

Rechte Rheinstrecke

Obwohl die Rheinschiene, und damit die rechte Rheinstrecke, zu den herausragenden Verbindungen innerhalb des deutschen Schienennetzes gehört, konnte sich um Oberlahnstein verblüffend lange noch eine regelrechte Glückseligkeit alter Eisenbahntechnik halten. Als im August 1995 das Stellwerk „Stw IX" auf der Nordseite des Bahnhofs Oberlahnstein verewigt wurde, verkörpert der morbide Charme des Zweckbaus im zweiten Jahr seit Bestehen der Deutschen Bahn AG noch viel von der bescheidenen Sachlichkeit aus zurückliegenden Bundesbahnzeiten. Für etwas heimelige Wohnlichkeit sorgen die Blumenkästen am Geländer des Eingangspodestes, die die Bediensteten auf dem Stellwerk freilich aus eigenem Antrieb ihrem Arbeitsplatz spendierten. Dass es letztlich noch weit mehr als ein Jahrzehnt brauchte, bis das Stellwerk tatsächlich durch moderne ESTW-Signaltechnik abgelöst wurde, daran vermochte man zum Zeitpunkt der Aufnahme freilich kaum zu glauben.

Rechte Rheinstrecke

In Oberlahnstein rollt am 13. April 1991 die 141 232 (Bw Frankfurt 1) mit dem N 7035 Koblenz – Wiesbaden an dem Stellwerk vorüber, das mit seiner unverwüstlichen Mechanik seit 88 Jahren im Dienst der Bahnsicherheit steht. Es brauchte weitere 17 Jahre, bis es tatsächlich ausgedient hatte. Nicht etwa, weil die Technik nicht mehr zuverlässig genug arbeitete, sondern alleine aus Rationalisierungsgründen und dem damit einhergehenden Personalabbau. Ob mit der modernen ESTW-Technik maßgeblich auch die Streckendurchlässigkeit erhöht werden konnte, das sei einmal dahingestellt.

Nun stand das Ende kurz bevor, die Arbeiten zur Umstellung des zweiten Abschnitts des elektronischen Stellwerks (ESTW) „Rechter Rhein" im Bahnhof Oberlahnstein mit dem Streckenabschnitt bis Niederlahnstein waren in vollem Gang. Die Deutsche Bahn ließ sich den Spaß 15,5 Millionen Euro kosten, damit ab dem 14. Juli 2008 auch dieses Teilstück von der Betriebszentrale der DB Netz AG in Frankfurt am Main ferngesteuert werden konnte. In Oberlahnstein wird seither lediglich noch ein so genannter Ersatzbedienplatz vorgehalten, der die Steuerung des Zugbetriebs bei Störungen ermöglicht. Als am 8. Mai 2008 die 185 256 das betagte Stellwerk nach Süden passiert, setzt man allerdings noch ganz auf die bewährte Technik.

Eisenbahn am Mittelrhein – **Rhein, Ahr, Lahn und Mosel**

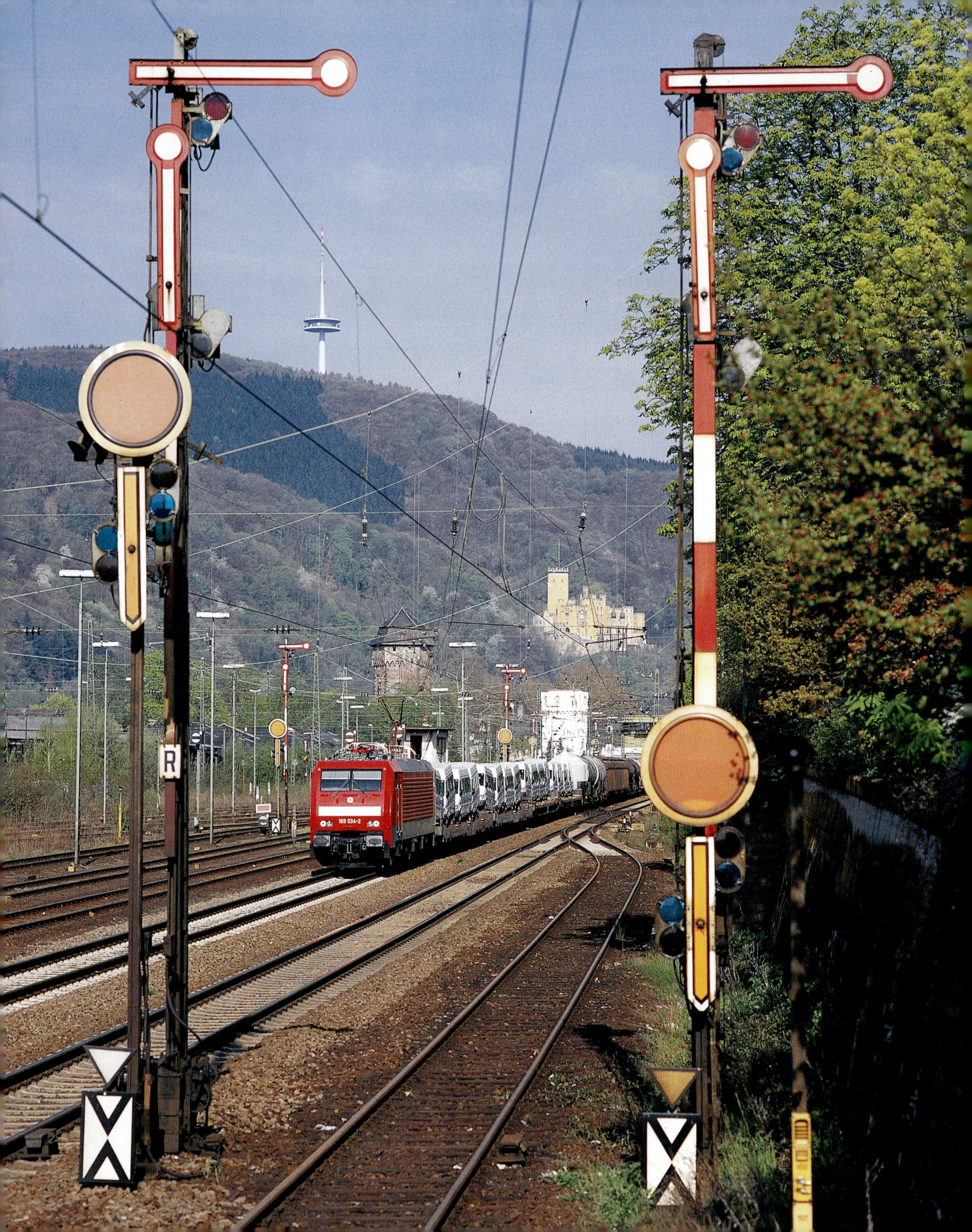
R
189 034-2

Rechte Rheinstrecke

Foto Seite 118: Moderne trifft auf Tradition: Die in Oberlahnstein sichtlich fabrikneu des Weges kommende Mehrsystemlokomotive der Baureihe 189 absolviert am 17. April 2004 vor einem gemischten Güterzug eine ihrer ersten Fahrten überhaupt und womöglich die allererste entlang der rechten Rheinstrecke. Während die 189 034 eine glänzende Zukunft vor sich hat, waren die Tage der Formsignale und Stellwerke in Oberlahnstein mit ihrer mechanischen und elektromechanischen Technik bereits gezählt.

Der alte Wasserturm in Oberlahnstein, hier in einer Ansicht vom 4. Januar 2002, hat die Zeiten bis heute überdauert. Das ehedem nahe gelegene Bahnbetriebswerk, dessen Dampflokomotiven mit dem Nass aus dem nun verrosteten Hochbehälter versorgt wurden, hatte mit der Elektrifizierung der rechten Rheinstrecke vor nunmehr einem halben Jahrhundert sein Daseinsberechtigung verloren.

Ganz und gar herrscht in Oberlahnstein bei der Vorbeifahrt des in Oberhausen-Osterfeld Süd beheimateten 701 052 die alte Eisenbahninfrastruktur vor. Der für die Installation und Wartung der Fahrleitungen im Jahr 1962 beschaffte Turmtriebwagen ist auf der Basis des Uerdinger-Schienenbusses entstanden. Obwohl sich die Deutsche Bahn AG zum Zeitpunkt dieser Aufnahme am 30. Dezember 1998 anschickte, das fünfte Jahr ihres Bestehens hinter sich zu bringen, trägt der Turmtriebwagen tatsächlich noch das Logo der Deutschen Bundesbahn.

Rechte Rheinstrecke

Rechte Rheinstrecke

Das alte Wärterstellwerk „Stw II" in Oberlahnstein, dessen Ursprung auf das Jahr 1903 zurückgeht, im Zustand vom 30. Dezember 1998 aus unterschiedlichen Perspektiven auf Zelluloid gebannt. Die Schicht des diensthabenden Stellwerkers bedeutete eine gehörige Portion an Handarbeit, denn die Bedienung der Hebelbank mit den vielen blauen Weichen- und Gleissperrhebeln sowie den roten Signalhebeln bedurfte der Muskelkraft. Seit dem 12. Juli 2008 ist damit Schluss, die letzten Relikte alter Stellwerkstechnik hatten rechtsrheinisch endgültig ausgedient. Bevor sich an diesem Tag die 155 031 mit dem Autotransportzug in Bewegung setzen konnte, musste der Weichenwärter seine Arbeit in althergebrachter Manier verrichten. Denn nur bei richtig gestellten Weichen konnte der Fahrstraßenhebel in die gewünschte Stellung gebracht, die Fahrstraße mit dem Fahrstraßenfestlegehebel gesichert und das Signal auf Fahrt gestellt werden.

Rechte Rheinstrecke

Die bereits auf dem Titel gezeigte Rheinansicht nahe Braubach mit der Marksburg, hier mit der südwärts strebenden 151 164 vor einem gemischten Güterzug am Maifeiertag des Jahres 1993 festgehalten. Noch existiert die Deutsche Bundesbahn, die Maschine zeigt sich, abgesehen von der ozeanblau-beigen Farbgebung, noch ganz im Ursprungszustand. Als erster Schritt musste mit der zum Jahreswechsel anstehenden Gründung der Deutschen Bahn ein neues Logo her, das das Aussehen vieler Triebfahrzeuge nicht unbedingt vorteilhaft veränderte (siehe S. 127). Das einheitlich mit roten Buchstaben und rotem Rand auf weißem Grund gestaltete DB-Logo sah keine nuancierten Unterschiede mehr vor, wie hier der passend zum Farbschema der Lokomotive gehaltene DB-Keks.

Eisenbahn am Mittelrhein – **Rhein, Ahr, Lahn und Mosel**

Rechte Rheinstrecke

Nach Verlassen des Bahnhofs Braubach in Richtung Oberlahnstein ergibt sich noch im Stadtgebiet dieses Motiv mit der unmittelbar über der Bahn befindliche Marksburg. Mit der Beförderung der abendlichen RegionalBahn 6140 Wiesbaden – Koblenz ist am 7. Juli 1995 die 141 190 in der orientroten Variante mit weißem Lätzchen betraut. Galt die Baureihe 141 auf den elektrifizierten Strecken der Deutschen Bundesbahn als die Ellok im Personennahverkehr, begann ab Ende der neunziger Jahre ihr Stern rapide zu sinken und ist lange von den Gleisen verschwunden. Dagegen kann das Motiv mit modernen Fahrzeugen noch heute umgesetzt werden, allerdings muss man sich mit den vorhandenen Lärmschutzwänden arrangieren.

Eisenbahn am Mittelrhein – **Rhein, Ahr, Lahn und Mosel**

Rechte Rheinstrecke

Foto rechte Seite: Nachdem es im Oberen Mittelrheintal an der linken Rheinstrecke zu großflächigen Hangrutschungen gekommen war, ließ die DB AG im Verlauf des Jahres 2002 von Spezialfirmen umfangreiche Fels- und Hangsicherungsarbeiten vornehmen. Während dessen kam es linksrheinisch zu erheblichen Beeinträchtigungen im Nah- und Fernverkehr. Zeitweise mussten die hochwertigen Reisezüge komplett über die rechte Rheinstrecke umgeleitet werden. Aus einem aufgelassen Obstgarten im Steilhang nördlich von Wellmich mit der hoch über der Ortschaft thronenden Burg Maus bot sich am Abend des 8. Juli 2002 die nicht alltägliche Gelegenheit, den von der 120 137 angeführten InterCity auf der falschen Rheinseite in Szene zu setzen.

Südlich der Wein- und Rosenstadt Braubach, deren Lage im Rheintal unmissverständlich die Marksburg markiert, hat die 155 206 am 17. April 2004 auf der Fahrt nach Süden bereits ein ganzes Stück hinter sich gelassen. Der freie Blick aus dieser Perspektive auf die Bahntrasse war erst wenige Wochen gegeben, wurde der Wildwuchs an der Böschung doch gerade noch rechtzeitig vor dem Rodungsverbot während der Brutzeit der Vögel, das es vom 1. März bis 30. September eines jeden Jahres einzuhalten gilt, eingedämmt.

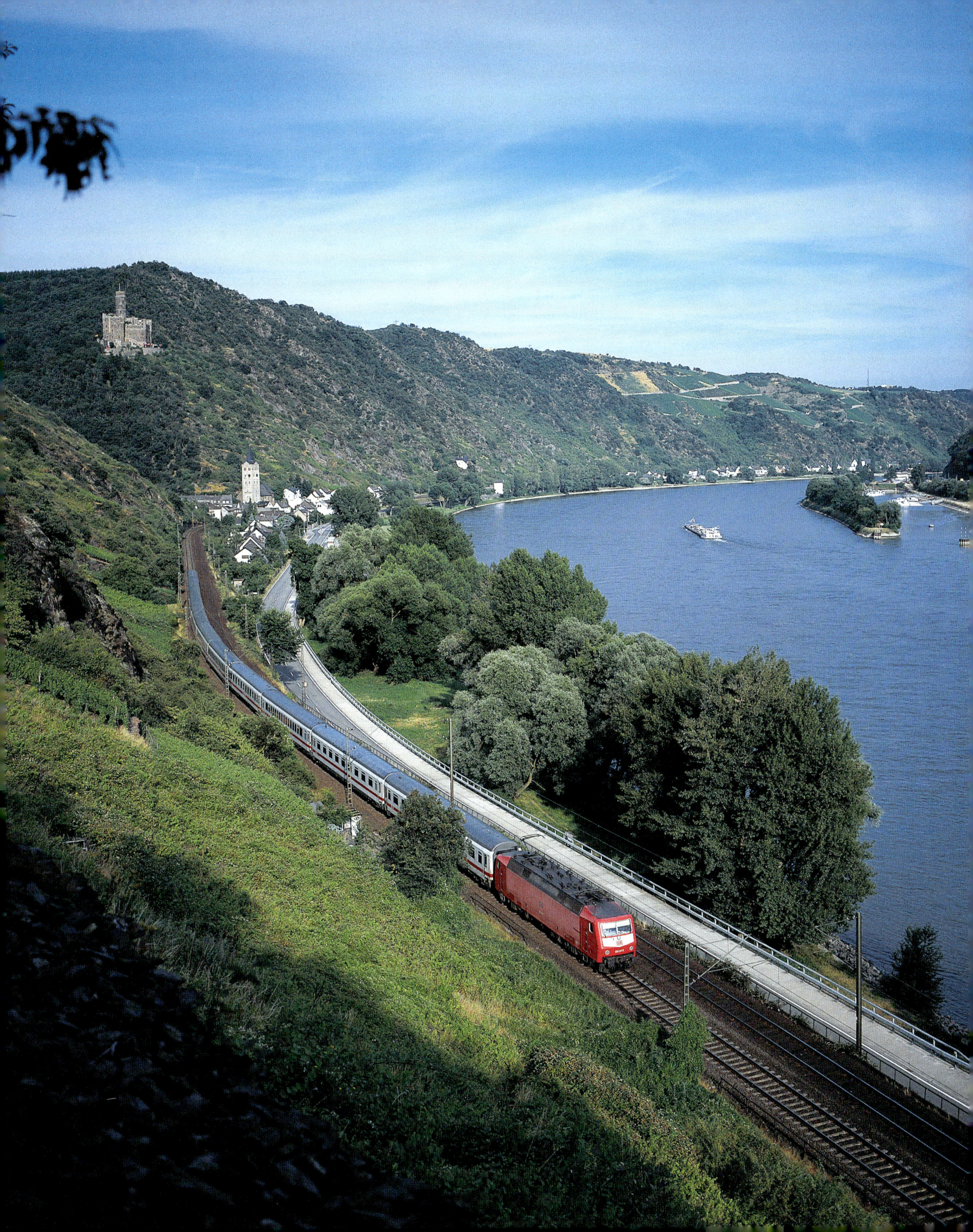

Linke Rheinstrecke

Über den Rhein geschaut: Gegenüber dem linksrheinischen Bad Salzig liegt die Ortsgemeinde Kamp-Bornhofen mit dem Wallfahrts- und Franziskanerkloster. Selbst der unkundige Rheintourist weiß auf Anhieb wo er sich befindet, deutet die Anschrift an der Ufermauer unübersehbar auf den Ort hin. Am 30. März 2004 war es eine Rail4chem-Lok der Baureihe 185, die vor dem Kesselwagenzug DGS 48513 Antwerpen – Ludwigshafen durch den Wallfahrtsort kommt und den Chemieriesen, die BASF in Ludwigshafen, ansteuert.

Eisenbahn am Mittelrhein – Rhein, Ahr, Lahn und Mosel

Linke Rheinstrecke

Bei Spay kommt am 30. Juni 1995 die 140 192 mit dem StadtExpress 6021 Koblenz – Ludwigshafen auf Höhe der Pfarrkirche St. Lambertus um die Kurve. Vom gegenüber liegenden Ufer grüßt erhaben die Marksburg. Bereits seit 1987 war man dabei, das Außenmauerwerk der Burganlage mit einem hellen Putz zu versehen, wodurch sich das Aussehen sukzessive veränderte und das Erscheinungsbild der Marksburg mittlerweile noch dominanter wirkt. Diese Perspektive wird übrigens heute durch Lärmschutzwände verstellt.

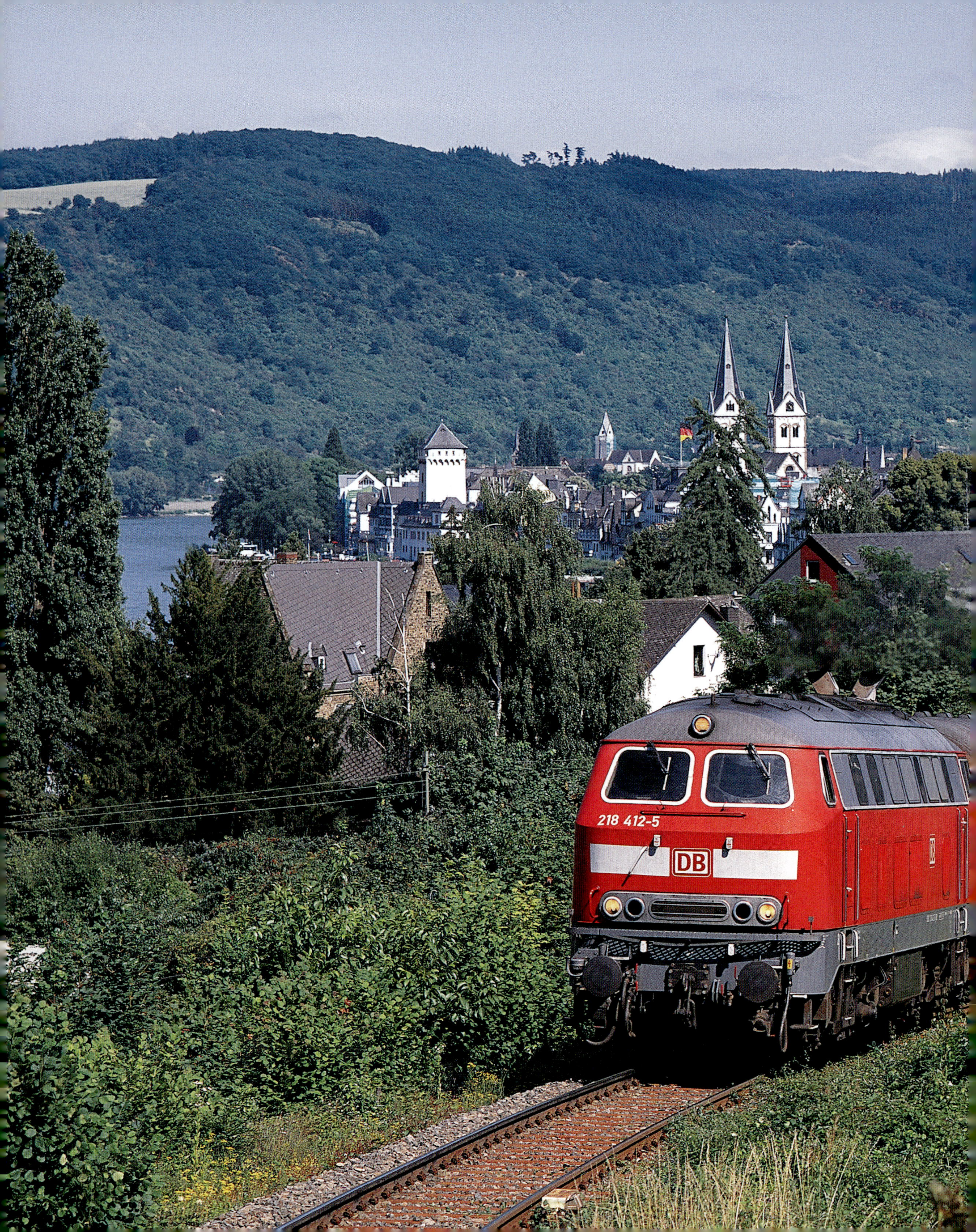

218 412-5
DB

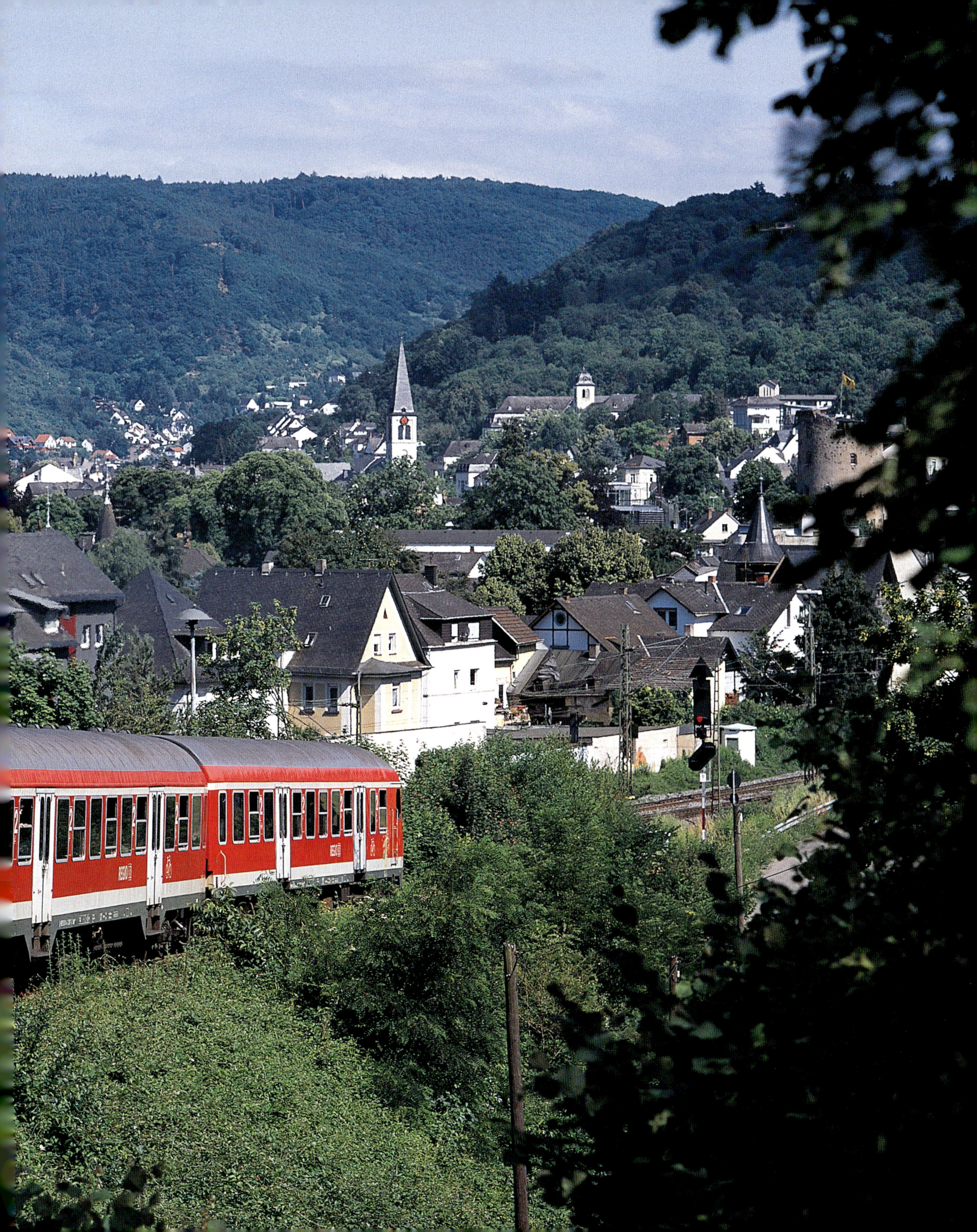

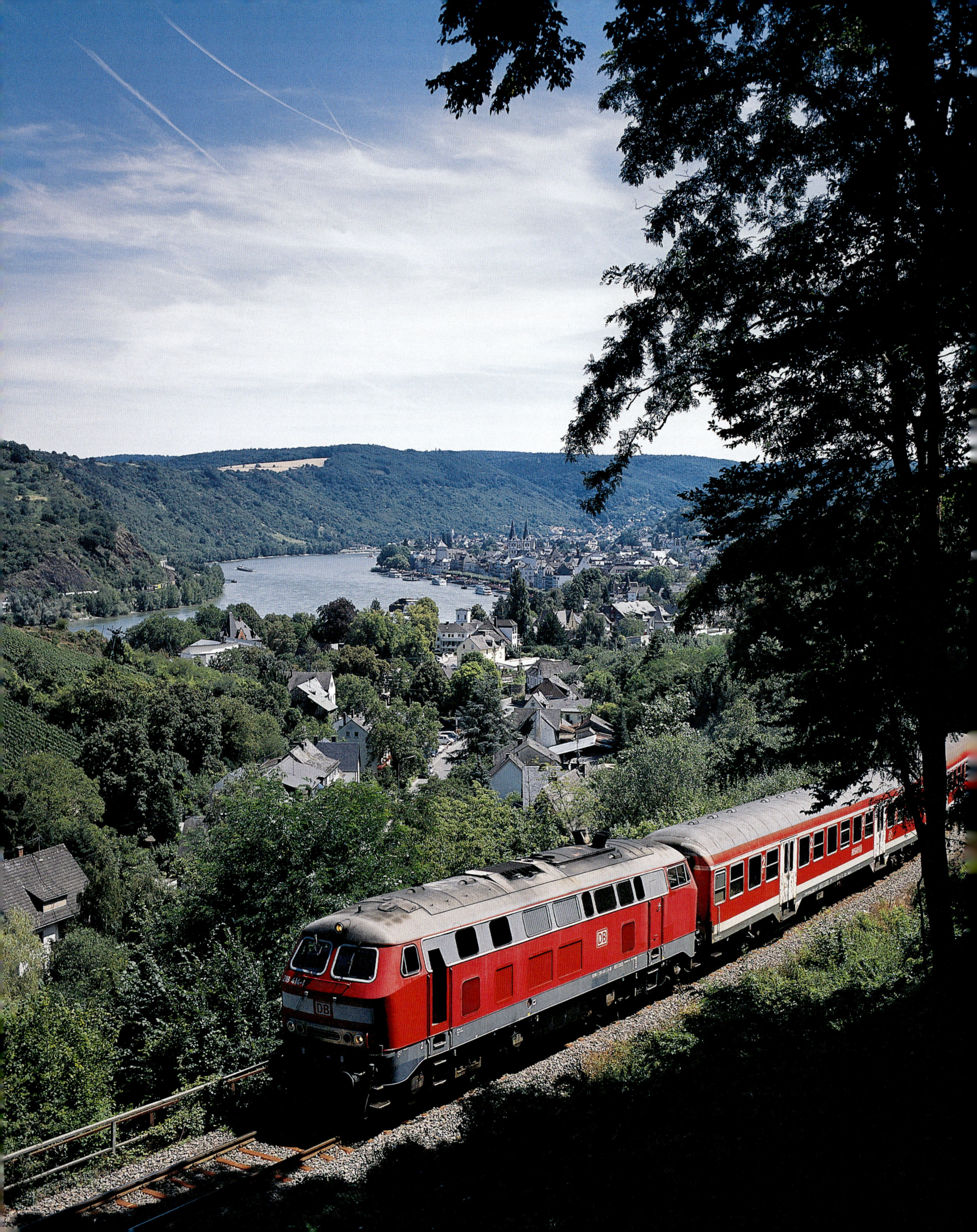
DB

Hunsrückbahn

Foto Seite 128/129: Der verbliebene Streckentorso Boppard – Emmelshausen, der ehedem bis ins Hunsrückstädtchen Simmern verlaufenden Nebenbahn, ist hierzulande die letzte verbliebene Steilstrecke im regulärem Schienenpersonennahverkehr. Vom tief gelegenen Mittelrheintal aus erklimmt die Hunsrückbahn durch fünf Tunnels und über zwei Viadukte hinweg, darunter der weithin bekannte Hubertusviadukt, die Hunsrückhöhe. Erst jüngst kam es nach erheblicher Verzögerung zur lange geplanten Umstellung der lokbespannten Wagenzüge von DB Regio auf die neuen Dieseltriebwagen vom Typ Regio-Shuttle des Eisenbahnverkehrsunternehmens Rhenus Veniro. Am 24. Juni 2009 herrschte jedoch noch ganz die klassische Form lokbespannter Wendezüge vor. Oberhalb von Boppard fährt die 218 412 mit Schwung in die Steilstrecke ein, um auf dem weiteren Weg bei einer maximal vorherrschenden Steigung von 60,6 Promille hinauf nach Buchholz einen Höhenunterschied von respektablen 328 Metern zu überwinden. Dieser Streckenabschnitt war ursprünglich mit einer 5,54 Kilometer langen Zahnstange nach dem System Abt versehen. Von der Inbetriebnahme der Strecke im Jahr 1908 bis Ende der zwanziger Jahre standen hier die Zahnradlokomotiven der preußischen Gattung T 26 im Einsatz. Abgelöst wurden sie von der preußischen T 16.1 im Adhäsionsbetrieb.

Foto linke Seite: Erlangte die Ansicht auf der vorhergehenden Doppelseite durch die häufige publizistische Darstellung weithin Bekanntheit, dürfte diese sich rund einen Kilometer oberhalb ergebende Perspektive den meisten fotografierenden Eisenbahnfreunden gänzlich unbekannt sein. Die Aufnahme verdeutlicht sehr schön den nach nur kurzer Zugfahrt bereits überwundenen Höhenunterschied. Die Stadt Boppard liegt nun weit unterhalb des Gleisniveaus. Hier ist es am 29. Juli 2009 die RegionalBahn 12613 nach Emmelshausen, die in Hanglage oberhalb des Mühlbachtals mit der 218 414 für genau eine Zuglänge aus dem Schatten fährt.

Ein echter Hunsrückklassiker: Den mitten in einem ausgedehnten Waldgebiet gelegenen Hubertusviadukt passiert am 22. April 2005 die 218 131 mit der RB 12606. Nur dem Kenner wird auffallen, dass der Wendezug noch mit talseitig laufender Lok verkehrt. Aus Gründen der Betriebssicherheit hatte diese Betriebsweise seit Eröffnung der Strecke Bestand. Erst vor wenigen Jahren wurde die dahingehend bestehende Bestimmung geändert. Seither durften die Lokomotiven der Baureihe 218 auf der Hunsrückbahn auch am Berg fahren.

Linke Rheinstrecke

Von der Anhöhe beim Rheindörfchen Hirzenach aus, heute zum rund acht Kilometer stromabwärts gelegenen Boppard gehörend, genießt man einen einzigartigen Blick auf den Rhein. Eindrucksvoll schlängelt sich „Vater Rhein" zwischen den steil abfallenden Hängen durch das Rheinische Schiefergebirge. Trotz der topographischen Enge entwickelte sich das Mittelrheintal zu einem herausragenden Verkehrsweg. Reger Schiffsverkehr auf dem Strom und ein ebensolcher Schienenverkehr auf den Gleisen der linken Rheinstrecke unterstreichen die Bedeutung, trefflich im Bild festgehalten am 17. April 2003. Die 101 172 ist mit dem IC 2015 „Oberschwaben" Dortmund – Lindau südwärts unterwegs, während auf dem Gegengleis ein RegionalExpress sein nahes Ziel in Koblenz ansteuert. Einzig der Fahrweg der Bundesstraße 9 will sich nicht so recht der Landschaft unterordnen, verleiht dem Rhein durch die Uferverbauung den Charakter einer kanalisierten Fahrrinne.

Rechte Rheinstrecke

Bei geeigneter Standortwahl und mit etwas Glück lassen sich über den Rhein hinweg auf beiden Strecken parallele Zugfahrten beobachten. So am 22. April 2007 festgehalten mit einem durch den Bahnhof Kestert kommenden Güterzug für den kombinierten Wechselbehälterverkehr und der auf der anderen Rheinseite fahrenden Leerwagen-Garnitur mit einer Diesellokomotive der Baureihe 218. Der kräftige ockerfarbene Anstrich des Bahnhofsgebäudes lässt die im selben Farbton gehaltene Lärmschutzwand weniger störend erscheinen. Ansonsten sind es gerade die technischen Neuerungen wie die Lärmschutzwände und die aufgeständerten Kunststoff-Kabelschächte, die sich wie ein Krebsgeschwür durchs Rheintal ziehen und mancherorts bekannte Fotomotive in ihrer ästhetischen Ausgewogenheit unwiderruflich zerstört haben.

Eisenbahn am Mittelrhein – **Rhein, Ahr, Lahn und Mosel**

Linke Rheinstrecke

Foto rechte Seite: Wo auch immer das Rheintal auf eine Anhöhe verlassen wird, eröffnen sich dem Betrachter erhabene Aussichten auf die viel beschworene Rheinlandschaft. Der Blick von Burg Rheinfels aus auf das Städtchen St. Goar offenbart einmal mehr, wie eng es im Rheintal mitunter zugeht. Der EuroCity 28 „Prinz Eugen" Wien – Hamburg hat am 10. Juli 1997 den Bahnhof von St. Goar gerade erst durchfahren und bahnt sich zwischen den Häusern hindurch den weiteren Weg nach Koblenz.

In St. Goar trifft am 21. April 1993 die 141 316 (Bw Frankfurt/M 1) mit dem N 6026 auf die unmittelbar an der Bahn befindliche Katholische Pfarrkirche. Beim Bau des Streckenabschnitts durch das Engtal des Mittelrheins galt es für die Ingenieure der Rheinischen Eisenbahn-Gesellschaft dereinst so manche Hürde zu umschiffen, bevor die Bahn am 15. Dezember 1859 tatsächlich in Betrieb gehen konnte. Die örtlichen Begebenheiten waren zu berücksichtigen, die vorhandene Bausubstanz wenn möglich zu erhalten. Der Abriss einer Kirche wäre schon damals ein sicherlich nicht einfaches Unterfangen gewesen. Wenn auch die hier zu sehende Kirche erst nach dem Bau der Eisenbahn im Jahr 1891 errichtet wurde, ersetzte sie doch ein an selber Stelle baufällig gewordenes Gotteshaus. Dennoch brachte der Bahnbau seinerzeit Veränderungen mit sich, wurde doch der unmittelbare Bezug der Kirche zum Friedhof von der Eisenbahn durchschnitten. Der Standpunkt oberhalb des Friedhofs veranschaulicht nicht nur die Beziehung von Kirche und Friedhof, sondern gibt auch die Sicht auf das gegenüber liegende St. Goarshausen mit der Burg Katz frei.

Eisenbahn am Mittelrhein – **Rhein, Ahr, Lahn und Mosel**

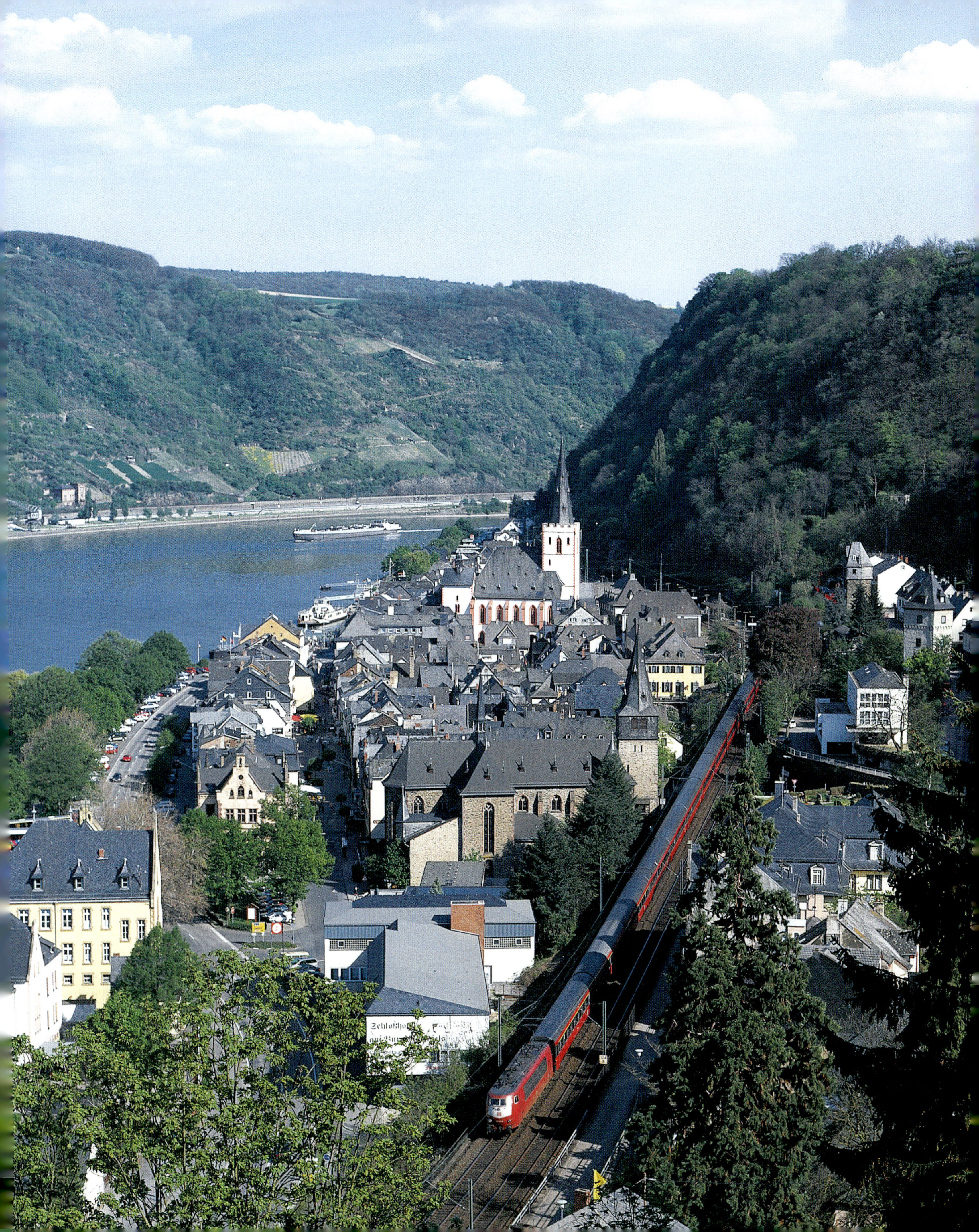

Linke Rheinstrecke

Bei der Ausfahrt aus dem 367 Meter langen Bank-Tunnel bei St. Goar konnte am 22. August 1987 die 110 419 mit einem Schnellzug der etwas anderen Art festgehalten werden, was sich dem Betrachter freilich nur um das Wissen dieser Zugleistung offenbart. Gemeint ist der D 411 „Hellas-Express" Dortmund – Salzburg – Ljubljana – Zagreb – Belgrad – Skopje – Athènes. Eine der abenteuerlichen Zugverbindungen mit dem gehörigen Schuss Exotik, die man heute bei der Bahn vergebens sucht, denn der „Hellas-Express" ist nun auch schon seit zwei Jahrzehnten Geschichte. Er verkehrte zwischen 1963 und 1991. Für den respektablen Laufweg über rund 2700 Kilometer benötigte er etwas mehr als zwei Tage. Im innerdeutschen Verkehr nur beschränkt zugelassen, war er vorrangig den Reisenden in die Balkanländer vorbehalten. Über die vorherrschenden Reisebedingungen bei Beginn der Werksferien beispielsweise, wenn die im Ruhrgebiet beschäftigten Gastarbeiter mit Sack und Pack gen Heimat strömten, ranken sich Mythen und Legenden. Die Situation in den Abteilen mit drangvoller Enge und stickiger Luft zu umschreiben, dürfte die Verhältnisse nur unzureichend darlegen. Sei's drum, in den Abteilen spielte sich jedenfalls das pralle Leben von Menschen unterschiedlicher Nationalität ab!

Ob zu Wasser, auf der Straße oder per Bahn: Wer von Süden nach St. Goarshausen kommt, wird von der mächtigen Burg Katz empfangen. Auf eine Besichtigung muss allerdings verzichtet werden, befindet sich die Burg doch im japanischen Privatbesitz und beherbergt einen Hotelbetrieb. Entgegengesetzt lässt hier die 140 179 des Bw Saarbrücken am 24. Oktober 1990 die Loreleystadt hinter sich. Könnte man doch das turmartige Wohnhaus fragen, was im Laufe seines Daseins hier schon alles vorüber fuhr? Ob sich wohl deren Bewohner mittlerweile auch über den Bahnlärm beschweren…? In den letzten Jahren ist es geradezu in Mode gekommen, die Bahn für alle Unzulänglichkeiten im Mittelrheintal verantwortlich zu machen. Trotz des UNESCO-Weltkulturerbes hat die Tourismusregion mit argen Problemen zu kämpfen, zu lange hat man die Zeichen der Zeit verschlafen, hinkt das Obere Mittelrheintal allem kulturhistorischen Potenzial zum Trotz der Entwicklung hinterher. Anstatt die Eisenbahn zu verteufeln, wäre die Einbindung in ein schlüssiges Tourismuskonzept allemal der sinnvollere Weg. Wie so etwas aussehen kann, haben in nicht allzu weiter Ferne die Moselgemeinden zwischen Alf und Zell mit dem Kulturweg „Kanonenbahn" vorgemacht.

Linke Rheinstrecke

Im Engtal des Mittelrheins zwischen Oberwesel und St. Goar kommt am 2. Juli 1999 zur Freude des Fotografen die frisch hauptuntersuchte 120 115 mit dem IC 714 „Allgäu" Oberstdorf – Münster (Westf) im topaktuellen verkehrsroten Farbkleid gefahren. Die unter der Ägide der Deutschen Bundesbahn entwickelten Drehstromlokomotiven der Baureihe 120 sind – ganz im Gegensatz zur nebenstehenden Baureihe 103 – für die Deutsche Bahn bis heute im harten Planeinsatz unverzichtbar.

Eisenbahn am Mittelrhein – **Rhein, Ahr, Lahn und Mosel**

Ins rechte Licht gerückt, verlässt am 30. Juni 1995 die 103 192 des Bw Hamburg-Eidelstedt vor dem InterCity 726 „Loreley" auf der Fahrt von Nürnberg nach Dortmund an der Nordseite den 236 Meter langen Bett-Tunnel. Auffallend ist, dass bei dem Tunnelportal als gestalterisches Element entgegen den üblichen Gepflogenheiten zum Zeitpunkt des Tunnelbaus um 1858, nur die zum Rhein gewandte Seite einen Eckturm erhielt. Schlicht weil kein Platz vorhanden war, begnügte man sich mit dieser für Tunnelportale eher seltenen Form der Bauausführung.

Rechte Rheinstrecke

Das weitgehend im Ursprungszustand erhalten gebliebene Südportal des Loreley-Tunnels geht auf den Bau des südlichen Abschnitts der rechten Rheinstrecke und deren Fertigstellung im Jahr 1862 durch die Herzoglich Nassauische Staatseisenbahn zurück. Im Zuge der Elektrifizierung musste aufgrund des unzureichenden Lichtraumprofils unmittelbar rechts daneben ein zweiter Tunnel durch den Loreleyfelsen getrieben werden. Den elektrischen Zugbetrieb hatte man am 1. Oktober 1961 zwischen Wiesbaden und Oberlahnstein aufgenommen. In der seit Aufnahme des elektrischen Betriebs für Nahverkehrszüge üblichen Bespannung, verlässt am 27. Juni 1992 die 141 106 vor dem N 6129 die altehrwürdige Tunnelröhre. Die Inschrift über dem Tunnelmund erinnert bis heute an den Ursprung der Bahn „Unter der Regierung Herzogs Adolphs zu Nassau erbaut 1859 – 1861".

Eisenbahn am Mittelrhein – **Rhein, Ahr, Lahn und Mosel**

Ebenfalls im Abschnitt zwischen St. Goarshausen und Kaub liegt rund vier Kilometer weiter südlich vom Loreley-Tunnel der von seiner künstlerischen Ausgestaltung ein wenig bescheidener ausgefallene Roßstein-Tunnel. Hier ist es am 11. April 1992 vor einem schweren Güterzug die im frischen Bundesbahn-Look ans Tageslicht tretende 151 146. Aus Gründen der Betriebssicherheit, unterzog die Deutsche Bahn in den Jahren 2003 bis 2005 beide Tunnels einer umfassenden Sanierung. Dabei galt es die geschützten Portale unter der Maßgabe des „Weltkulturerbe Mittelrheintal" einer behutsamen Sanierung zuzuführen.

Linke Rheinstrecke

Linke Rheinstrecke

Seit dem letzten Halt im Bahnhof St. Goar hat die 143 308 auf der Fahrt bei Oberwesel-Urbar die kurz aufeinander folgenden drei Tunnels der linken Rheinstrecke hinter sich gelassen. Während sich die Lokomotive noch ganz im Ursprungslack der Deutschen Reichsbahn präsentiert, sind die Doppelstockwagen mit Tiefeinstieg weitgehend fabrikneu, stellen am Rhein im Regionalverkehr ein Novum dar. Nach der Wende verbreiteten sich die Doppelstockwagen vom Waggonbau Görlitz auf den Bahngleisen in den alten Bundesländern geradezu in Windeseile. Allerdings blieb dabei die am 21. April 1996 festgehaltene Farbkomposition eine nur kurze Episode. Die gültigen Regionalbahnfarben (lichtgrau/pastelltürkis/minttürkis) wurden alsbald von der verkehrsroten Farbvariante abgelöst, und die Elloks der Baureihe 143 erhielten anlässlich fälliger Hauptuntersuchungen sukzessive einen verkehrsroten Neuanstrich.

Deutsche Bahn und Österreichische Bundesbahnen in trauter Zweisamkeit. Beinahe wie für einander geschaffen, geben die DB-Lok 103 153 (Bw Frankfurt/M 1) und die ÖBB-Schnellzugwagen der Bauart Amz ein stimmiges Zugbild ab. Auf der Fahrt von Innsbruck nach Münster (Westf) hat der EuroCity 18 „Andreas Hofer" am 15. August 1996, immer dem Rhein folgend, gerade erst Oberwesel hinter sich gelassen und dabei einen Richtungswechsel um 90 Grad vollzogen.

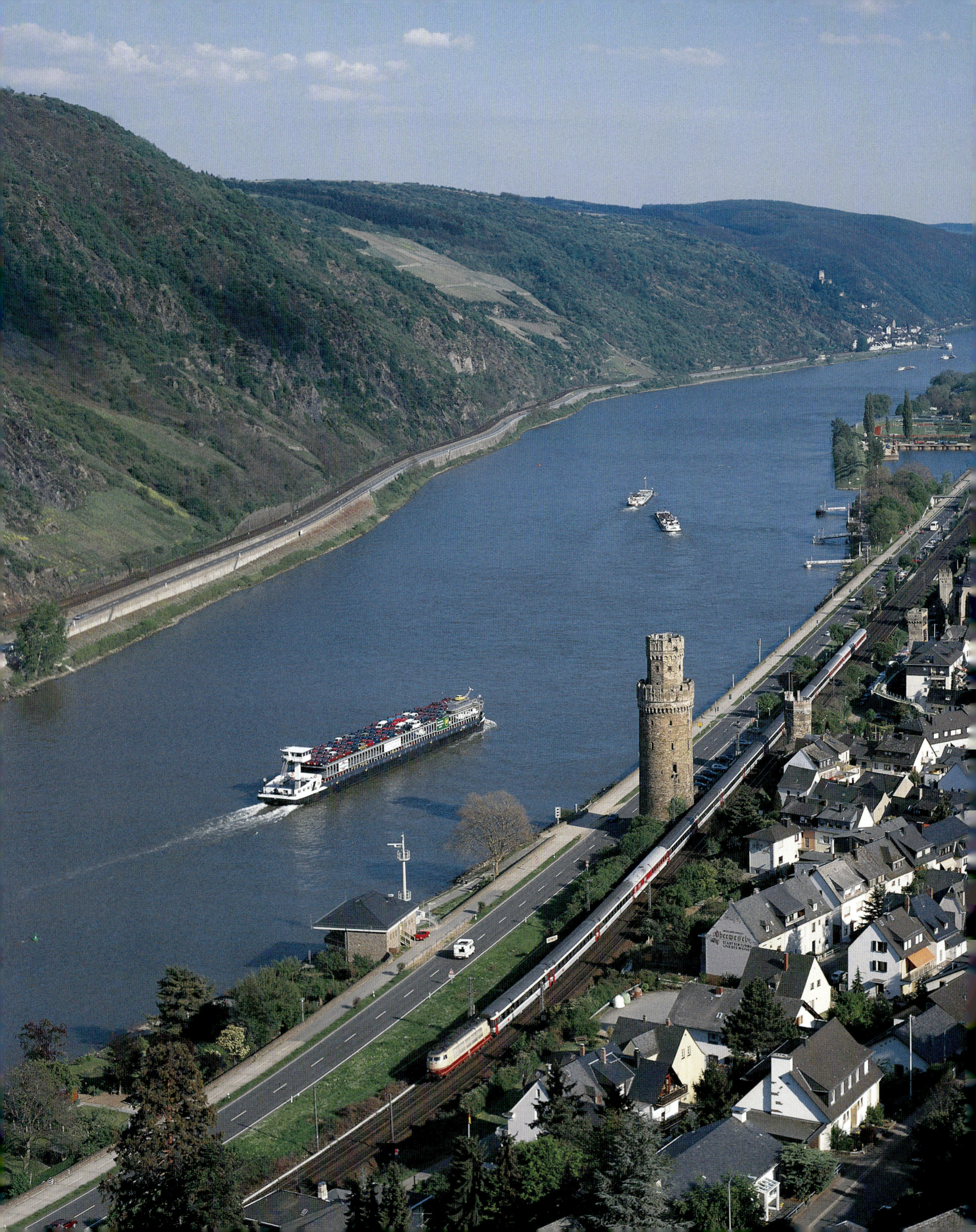

Linke Rheinstrecke

Blick vom Günderrodehaus über Oberwesel in das Rheintal bis nach Kaub zur Zollburg Pfalzgrafenstein. Bei genauer Betrachtung wird deutlich, weshalb Oberwesel die Stadt der Türme (und natürlich des Weins) genannt wird. Davon sind im Stadtbild nämlich reichlich auszumachen, allen voran der wuchtige Ochsenturm an der Bahnstrecke. Der im Hintergrund aufragende Sakralbau der Liebfrauenkirche (siehe auch S. 150/151) am Fuße der Schönburg ist ein weiterer markanter Bezugspunkt der mittelalterlich anmutenden Stadt Oberwesel. Die rechte Rheinstrecke gegenüber schlängelt sich förmlich an den steilen Berghängen des Taunus entlang. Nach dem der Autotransporter auf Höhe von Oberwesel die schwierigste Rheinpassage um den Loreleyfels endgültig hinter sich gelassen hat, heißt es für den Kapitän volle Kraft voraus, darauf lässt zumindest die Gischt der Schiffsschrauben schließen. Derweil fährt entgegengesetzt der EuroCity 6 „Lötschberg" Brig – Basel – Hannover dem nächsten Halt in Koblenz entgegen. Entstanden ist das Rheinpanorama am 10. August 1997, als im hochwertigen Reisezugverkehr die Loks der Baureihe 103 am Rhein noch zum vertrauten Bild gehörten, deren Ablösung durch die Baureihe 101 aber schon bevorstand.

Linke Rheinstrecke

„Die Marche, ganz Italien in einer Region. Ihr heiterer Urlaub." Die glatten Seitenflächen der Lokkästen der Baureihe 101 als rollende, kreuz und quer durch das Land fahrende Werbeträger zu nutzen bietet sich an, sind sie doch prädestiniert für werbewirksame Imagekampagnen jedweder Art. Über die Ästhetik der folienbeklebten, um die Gunst der Urlauber für die mittelitalienische Adriaküste werbenden 101 109 lässt sich trefflich streiten. Am 21. April 2005 auf der Fahrt entlang der weltbekannten deutschen Flusslandschaft des Oberen Mittelrheintals, vorbei am Oberweseler Turm-Duo, vermochte die Maschine ihre Werbebotschaft nicht wirklich überzeugend zu vermitteln.

Zweifelsohne zu den bemerkenswertesten Fotostellen der linken Rheinstrecke zählt die Durchfahrt zwischen den beiden Türmen in Oberwesel. Die wahrlich imposante Erscheinung des Ochsenturms wird zur linken vom Katzenturm flankiert, beide sind Überbleibsel der ehemaligen Stadtbefestigung aus dem 13. Jahrhundert. Inmitten der historischen Türme hat die 101 117 am 3. Juli 1999 vor dem InterCity noch nicht mal das Kleinkindalter erreicht, erblickte sie gewissermaßen mit der am 19. Oktober 1998 erfolgten Abnahme das Licht der Welt. Übrigens war auch 101 117 von 2002 bis 2005 mit derselben Werbebotschaft wie die nebenstehende Lok unterwegs.

Linke Rheinstrecke

Linke Rheinstrecke

Wo immer man sich in Oberwesel auf den Spuren der Eisenbahn bewegt, allenthalben ergeben sich reizvolle Perspektiven. Auf der Rheinseite ergibt sich auf Höhe der Fußgängerbrücke über die Bundesstraße 9 diese Stadtansicht, wo am Morgen des 3. Juli 1999 die 101 018 mit dem InterCity 523 „Amalienburg" Dortmund – München die historische Ortskulisse abfährt.

Eisenbahn am Mittelrhein – **Rhein, Ahr, Lahn und Mosel**

Auch zur Winterszeit hat das Mittelrheintal seine Reize, wenn an den Weinhängen ein bisschen Schnee für Abwechslung sorgt, ganz im Farbkontrast zum ICE-Triebzug der Baureihe 401, der am 2. Januar 2002 als ICE 725 „Theodor Mommsen" Berlin Ostbahnhof – Nürnberg Hbf an den Resten der Oberweseler Stadtmauer vorbei rollt. Diese Ansicht zählt übrigens zu den absoluten Klassikern unter den Fotomotiven am Mittelrhein. Generationen von Eisenbahnfotografen haben schon den Standpunkt auf der alten Stadtmauer aufgesucht.

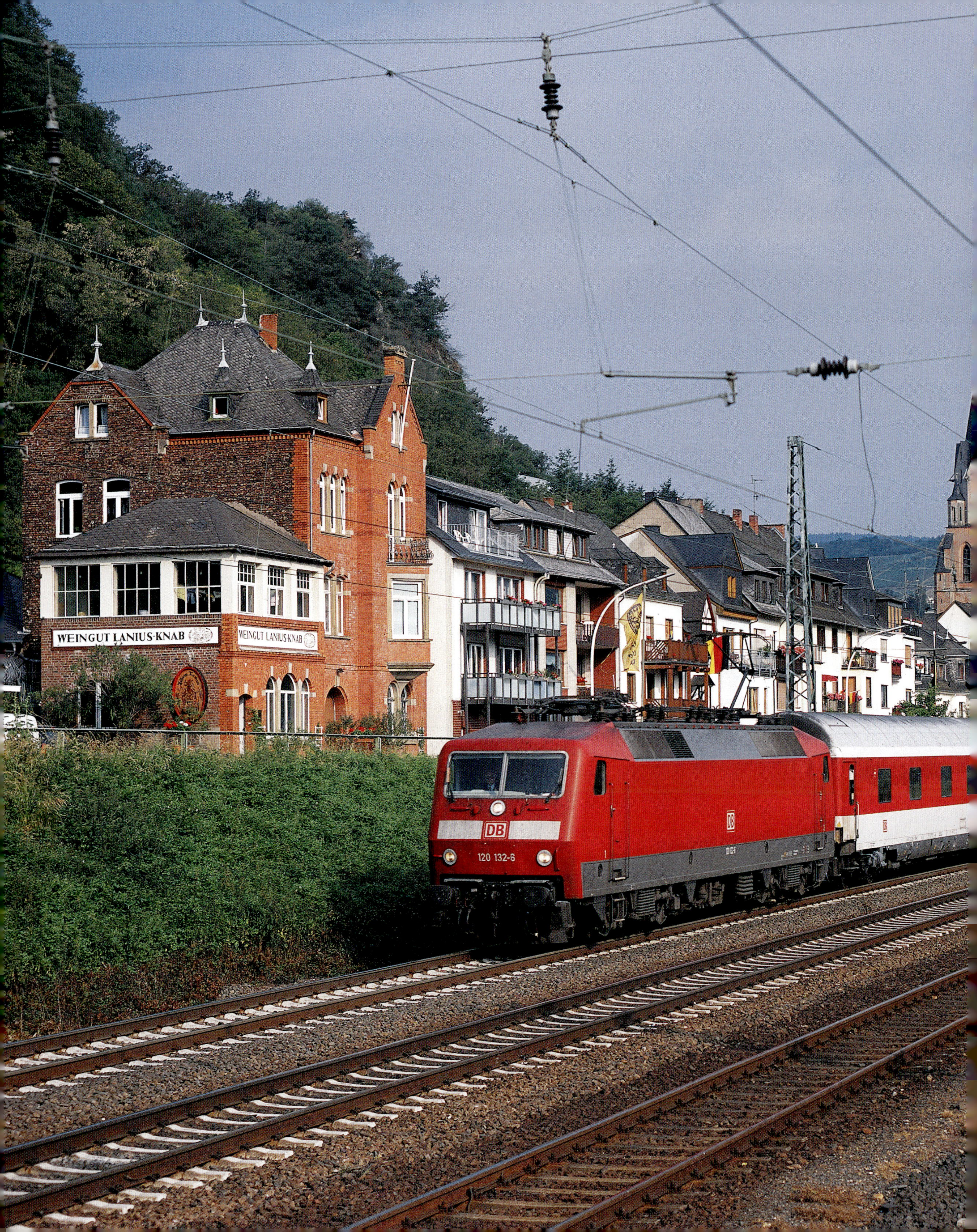
WEINGUT LANIUS-KNAB
WEINGUT LANIUS-KNAB
DB
120 132-6

Linke Rheinstrecke

Auf dem weiten Weg von Warschau nach Frankfurt am Main befindet sich der EuroNight (EN) 349 „Jan Kiepura" am 17. Juni 2006 bei der Fahrt durch Oberwesel bereits auf der letzten Etappe seiner Reise. Die Reisenden dürften bereits damit beschäftigt sein, ihre sieben Sachen zusammenzuräumen, können sie sich doch auf die baldige Ankunft in der Mainmetropole freuen. Die Geschichte dieses Nachtzuges ist ausgesprochen wechselvoll. Aus einem namenlosen D-Zug war 1969 der „Ost-West-Express" mit dem Laufweg Moskau – Köln – Paris hervorgegangen. Über die Jahre stellten sich immer wieder Veränderungen ein, wobei die Fahrstrecke bis 1994/95 auf die Relation Moskau – Brüssel verkürzt wurde. Aus dem „Ost-West-Express" ging dann 1998 der „Jan Kiepura" mit dem Laufweg von Köln nach Warschau und Schlafwagen nach Moskau hervor. Zwischendurch wieder als D-Zug eingestuft, wurde er ab 2004 zum EuroNight 348/349 mit abermals geändertem Zuglauf Warschau – Brüssel. Im Fahrplanjahr 2006 ging es von Köln nicht mehr nach Westen, sondern südwärts entlang der Rheinstrecke nach Frankfurt am Main als neuem Ziel- und Ausgangspunkt des „Jan Kiepura".

Rechte Rheinstrecke

Foto linke Seite: Kaum ein Rheinstädtchen ohne die obligatorische Burg. In Kaub ist es Burg Gutenfels, die auf einem Felsen dominant über dem Ort steht und in der Eigenschaft eines Schlosshotels weithin sichtbar auf sich aufmerksam macht. Weit unten rollt am 19. Mai 1992 indes der Nahverkehrszug 6138, gebildet aus einer Ellok der Baureihe 141 mit drei „Silberlingen", gemächlich an den schmucken Häusern in Richtung Koblenz vorüber. Ein Jahrzehnt weiter steht das Obere Mittelrheintal seit 2002 unter Schutz der UNESCO-Welterbeliste, gleichzeitig droht der Region mehr und mehr als eines der entscheidenden Merkmale der Weinanbau abhanden zu kommen. Nicht nur die Weinberge oberhalb von Kaub liegen heute brach, lassen sich doch derartige Steillagen nicht maschinengerecht erschließen und sind damit nicht mehr profitabel genug zu bewirtschaften. Ein besonders prägendes Merkmal des Oberen Mittelrheintals sind zudem auch die Rheinfähren, wie hier die bei Stromkilometer 546,2 gelegene Fähre Kaub – Engelsburg, denn eine feste Rheinquerung existiert zwischen Koblenz und Mainz nicht. Jedweder Vernunft zum Trotz, wurden in jüngerer Zeit – unter Einhaltung bestimmter Auflagen mit Segen der UNESCO – Pläne zum Bau einer Mittelrheinbrücke nahe der Loreley laut – das verstehe nun wer will!

Gleichfalls ein Jahrzehnt weiter, hatte sich längst die aus den beiden deutschen Staatsbahnen hervorgegangene Deutsche Bahn etabliert. Aus dem klassischen Nahverkehrszug wurde die RegionalBahn, viele Zugfahrten per se von ehemaligen DR-Fahrzeugen erbracht, altgediente DB-Baureihen wie die 141 wurden verdrängt. Am Rhein und anderswo machte sich im Regionalverkehr die Baureihe 143 (alias DR-Baureihe 243) breit. Genauso veränderte sich einmal mehr die „Corporate Identity" der Fahrzeuge. Folglich ist es am 6. April 2002 in Kaub auf Höhe des Pegelturms die verkehrsrote 143 181, die ihre Fuhre südwärts bringt, wobei die angehängten RegionalBahn-Wagen schon nicht mehr dem aktuell gültigen Farbschema entsprechen.

Rechte Rheinstrecke

Aus den bereits erwähnten Gründen musste im Verlauf des Jahres 2002 der Fernverkehr über den südlichen Abschnitt der rechten Rheinstrecke umgeleitet werden. Folglich eröffnete sich dem Wanderer im Zuge des Rheinhöhenwegs vom Aussichtspunkt „Sauzahn" am 6. April 2002 bei prächtigem Wetter die weniger geläufige Ansicht eines durch Kaub fahrenden InterCity-Zuges. Zuglok ist die mit einer „Ganzkörperwerbung" versehene 101 080, die für das Schmerzmittel Aspirin – dem allgemein bekannten Produkt des Bayer-Konzerns – wirbt.

Eisenbahn am Mittelrhein – **Rhein, Ahr, Lahn und Mosel**

Rechte Rheinstrecke

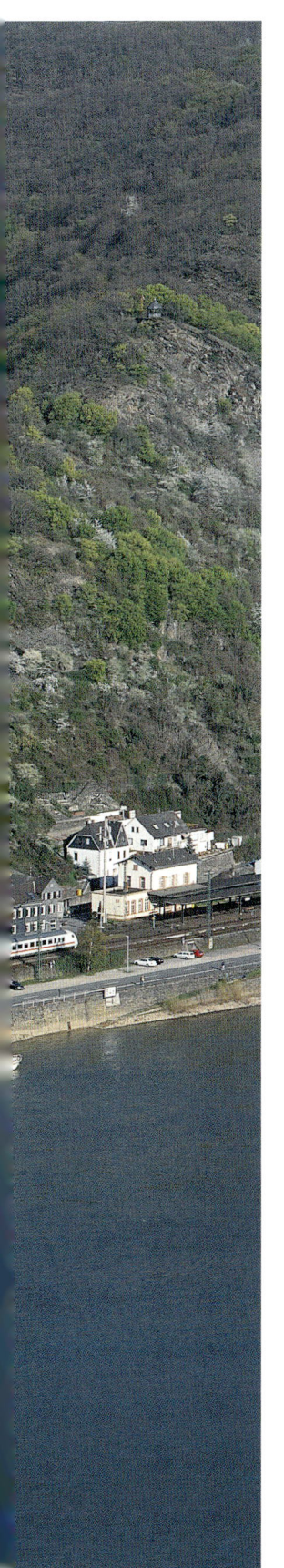

Vom gleichen Standpunkt aus wie die nebenstehende Abbildung, allerdings mit einem leichten Teleobjektiv aufgenommen, entstand diese Ansicht. Die arg übermotorisiert des Weges kommende RegionalBahn nach Koblenz war darin begründet, dass wieder einmal ein Steuerwagen ausgefallen war und folglich mit zwei Maschinen der Baureihe 143 gefahren werden musste. Die Übergangszeiten für die Wendezüge in den Endbahnhöfen waren nicht darauf ausgelegt, das Umsetzen der Triebfahrzeuge zu ermöglichen.

Eisenbahn am Mittelrhein – Rhein, Ahr, Lahn und Mosel

Rechte Rheinstrecke

Die inmitten des Rheins auf einem Felsen stehende Burg Pfalzgrafenstein bei Kaub gehört zweifelsohne zu den bemerkenswertesten kulturhistorischen Bauwerken am Mittelrhein. Die auf das Jahr 1326 zurückgehende Inselburg hatte einzig die Aufgabe einer Zollstation, bis sie 1867 aus dieser Funktion entlassen wurde und ihr Dasein fortan als Sehenswürdigkeit fristete. Nachdem sie 1946 an das Land Rheinland-Pfalz fiel, diente sie übergangsweise noch der Rheinschifffahrt als Signalstation und kann heute bei normalem Rheinpegel besichtigt werden. Bei so viel Ehrfurcht vor dem alten Gemäuer droht am 6. April 2002 die Vorüberfahrt eines Umleiter-InterCity mit der 101 104 südlich von Kaub fast schon zur Nebensache zu werden.

Eisenbahn am Mittelrhein – **Rhein, Ahr, Lahn und Mosel**

Im Engtal des Mittelrhein zeigt sich auf Höhe des sagenumwobenen Loreleyfelsens zwischen Kaub und St. Goarshausen Europas bedeutendste Wasserstraße von ihrer unberechenbaren Seite, die Passage gilt bis heute als gefährlich und unfallträchtig. Erst jüngst sorgte der am 13. Januar 2011 nahe der Loreley gekenterte Säuretanker „Waldhof" für beträchtliche Schlagzeilen. In diesem Abschnitt ist die Enge des Rheindurchbruchs durch das Rheinische Schiefergebirge zum Greifen nah, der Platz gerade ausreichend für die beiden Bundesstraßen 9 und 42 links und rechts des Rheins. Und natürlich die beiden Rheinstrecken, deren rechte Seite am Abend des 5. Juni 1995 von einem leeren Kohleganzzug frequentiert wird, den eine 140-Doppeltraktion gen Ruhr bringt.

Rechte Rheinstrecke

Als am 18. Oktober 1994 die 150 161 zwischen Kaub und Lorchhausen an diesem verwilderten Weinberg vorüber kommt, dominieren auf der ganzen Linie noch die Neubau-Elektrolokomotiven der Deutschen Bundesbahn das Aufkommen im Güterverkehr. Dennoch war der Stern der Baureihe 150, wie auch der meisten anderen Elloks der ersten Nachkriegsgeneration, im Sinken begriffen. Gerade erst hatte man die Lokomotiven mit Tatzlagerantrieb (150 001 - 024) abgestellt. In den Folgejahren kam es zu vermehrten Ausmusterungen, die durch die Auslieferung der jüngsten Ellok-Generation (z.B. Baureihe 152) stetig vorangetrieben wurden; bis dass zum Jahresende 2003 auch die letzten Maschinen der einst 194 Exemplare umfassenden Baureihe 150 ausgedient hatten. Ein in der Außenwirkung (noch) nicht wahrnehmbarer Meilenstein stellte der im Jahr 1994 erfolgte Startschuss für die Liberalisierung des europäischen Eisenbahnwesens dar, die den Weg frei machte für die Eisenbahnverkehrsunternehmen (EVU), die da kommen sollten.

Ein Jahrzehnt später hatten auf der rechten Rheinstrecke dann tatsächlich die modernen Lokomotiven der Deutschen Bahn das Sagen, unterstützt von den Triebfahrzeugen so manch eines neu gegründeten EVU. Bei der Zugbegegnung im Bahnhof Kaub sind es am 17. März 2004 die 152 144 der Deutschen Bahn mit dem TEC 42033 und eine Class 66 der ERS Railways B.V. vor dem Containerzug DGS 40105, die sich unterhalb von Burg Gutenfels begegnen. Wesentliche Aufgabe der im Jahr 2002 gegründeten ERS Railways B.V. ist der Transport von Seefrachten im Hinterlandverkehr, vorzugsweise von Europas größtem Seehafen Rotterdam aus.

Rechte Rheinstrecke

Den unter Eisenbahnfreunden weithin bekannten Posten 113 zwischen Kaub und Lorchhausen passiert am 24. Oktober 1990 die 150 013 (Bw Nürnberg 2). Seiner eigentlichen Funktion lange enthoben, ist das ehemalige Schrankenwärterhäuschen in der runden Bauweise mit Bruchsteinmauerwerk ein prägendes Relikt in der für die beiden Rheinstrecken geradezu typischen Architektur der dreißiger Jahre.

An der Spitze eines stattlichen Kesselwagen-Ganzzuges lässt die 140 333 des Bw Köln-Deutzerfeld am 19. Mai 1992 bei der Fahrt durchs Rheintal nahe Lorchhausen noch viel vom einstigen Selbstverständnis der Deutschen Bundesbahn erkennen. Im frischen neuroten Lack mit stilistisch in das schneeweiße Lätzchen eingearbeitetem DB-Logo lag der alten Staatsbahn sehr daran, selbst dem Erscheinungsbild einer schnöden Güterzuglokomotive die nötige Aufmerksamkeit (sprich Pflege) beizumessen. Nicht nur dahingehend hat sich seither viel verändert. Mit vielen klassischen Tugenden, die für die „Beamtenbahn" unverzichtbar erschienen, wusste die ach so moderne Deutsche Bahn zu brechen – koste es, was es wolle!

Linke Rheinstrecke

An der östlichen Stadtgrenze von Bacharach trifft am 21. April 2005 die 101 106 vor dem EC 101 Hamburg-Altona – Chur auf den rechts der Gleise stehenden Torso eines ehemaligen Wehrturms, der einmal als Schrankenposten139 des unmittelbar auf Höhe der Lok befindlichen Bahnübergangs diente. Um den Nachweis für deren einstige Existenz muss man schon historisches Bildmaterial aus den dreißiger Jahren bemühen, damit die dereinst vorherrschende Situation überhaupt noch nachvollzogen werden kann. Der eigentliche Hingucker dieser Aufnahme ist das historische Kinderkarussell auf der Terrasse des ehemaligen Weinguts.

Eisenbahn am Mittelrhein – **Rhein, Ahr, Lahn und Mosel**

Linke Rheinstrecke

Im Rheintal können die für den Hochgeschwindigkeitsverkehr konzipierten, auf 280 km/h ausgelegten Triebzüge der Baureihe 401 (ICE 1) ihr Potenzial unmöglich ausschöpfen. Lässt doch die windungsreiche Trasse der linken Rheinstrecke im Engtal abschnittsweise kaum mehr als eine Höchstgeschwindigkeit von 100 km/h zu. So kommt denn auch die Fahrt des ICE 29 Hamburg-Altona – Wien Westbahnhof am 21. April 2005 in Bacharach, vorbei an der berühmten zum Rhein gewandten Häuserzeile, eher einer Spazierfahrt gleich. Aufgrund der Triebkopftechnik ist der Fahrweg der behäbigen Fahrzeuge durchs Rheintal unumgänglich, sind sie für den Einsatz auf der nahen Neubaustrecke Köln – Rhein/Main schlicht zu schwer. Dort sind ausschließlich die deutlich leichteren ICE 3-Triebzüge mit Einzelachsantrieb zugelassen.

Linke Rheinstrecke

Nachdem sich „der Zug der Züge" aus den sechziger Jahren, besser bekannt als neuer TEE „Rheingold", am 30. Mai 1987 mit seiner letzten offiziellen Fahrt von den Gleisen der Deutschen Bundesbahn verabschiedet hatte, ist er als museal auferstandener Touristikzug beliebter denn je. Natürlich darf als Kultlok die E 03 nicht fehlen, denn nur so wird ein richtiger Zug draus! Wie in alten Zeiten führt dann auch die 103 184 die historischen „Rheingold"-Wagen am 17. Juni 2006 durch Bacharach, mit der allzeit über den Dingen thronenden Burg Stahleck.

Linke Rheinstrecke

Eher selten waren früher die Einsätze der Baureihe 151 mit automatischer Kupplung außerhalb des Montanverkehrs mit den entsprechend ausgerüsteten Erzwagen. Andernfalls musste zur Überbrückung der unterschiedlichen Kupplungssysteme hinter der Lok ein Übergangswagen mitlaufen, der auf der einen über eine automatische Kupplung, auf der anderen Seite über eine Schraubenkupplung verfügte. Die 151 163 ist dagegen mit der so genannten C-AKv-Kupplung ausgerüstet, die bei Bedarf das Gemischkuppeln mit Schraubenkupplungswagen erlaubt. Bei der Fahrt vorbei an der berühmten Häuserzeile von Bacharach wird am 30. März 2004 dieser Umstand für den Außenstehenden vor allem durch den gelben Aufkleber ersichtlich, der auf die vorhandene automatische Kupplung der Lokomotive hinweist.

Eisenbahn am Mittelrhein – **Rhein, Ahr, Lahn und Mosel**

Rechte Rheinstrecke

Richtung Süden und immer dem Rhein folgen, so lautet am 22. August 1995 die Fahrtroute für die Maschine der Baureihe 155, schlicht der „Container" genannt. Die Lokomotiven der Baureihe 155 haben diesen Spitznamen der Bauform wegen bekommen, die an einen Container erinnert. Wegen ihrer Wurzeln bei der ehemaligen Deutschen Reichsbahn der DDR sprechen böse Zungen gerne auch vom „Stasi-Container". Die Sandbank inmitten des Rheins deutet dagegen auf Niedrigwasser hin, ansonsten herrscht aber auf Europas wichtigster Wasserstraße reger Schiffsverkehr.

Die engen Ortsdurchfahrten, wie hier in Assmannshausen, machen den besonderen Reiz der Eisenbahn im Oberen Mittelrheintal aus. Inmitten alter Bausubstanz rollt am Morgen des 26. August 2000 die 150 055 mit ihrem gemischten Güterzug durch den Touristenort. Wie so häufig, herrschte an dem Samstagmorgen auf der rechten Rheinstrecke ein ausgesprochen reges Verkehrsaufkommen. Die Passanten nehmen das Warten an der geschlossenen Schranke derweil mit der gebotenen Gelassenheit. Bis der Verkehrsfluss an diesem Morgen abrupt ins Stocken gerät und sich eine trügerische Stille über den Ort legt. Wie sich später herausstellte, war es weiter nördlich zu einem Personenschaden mit der obligatorischen Streckenvollsperrung gekommen.

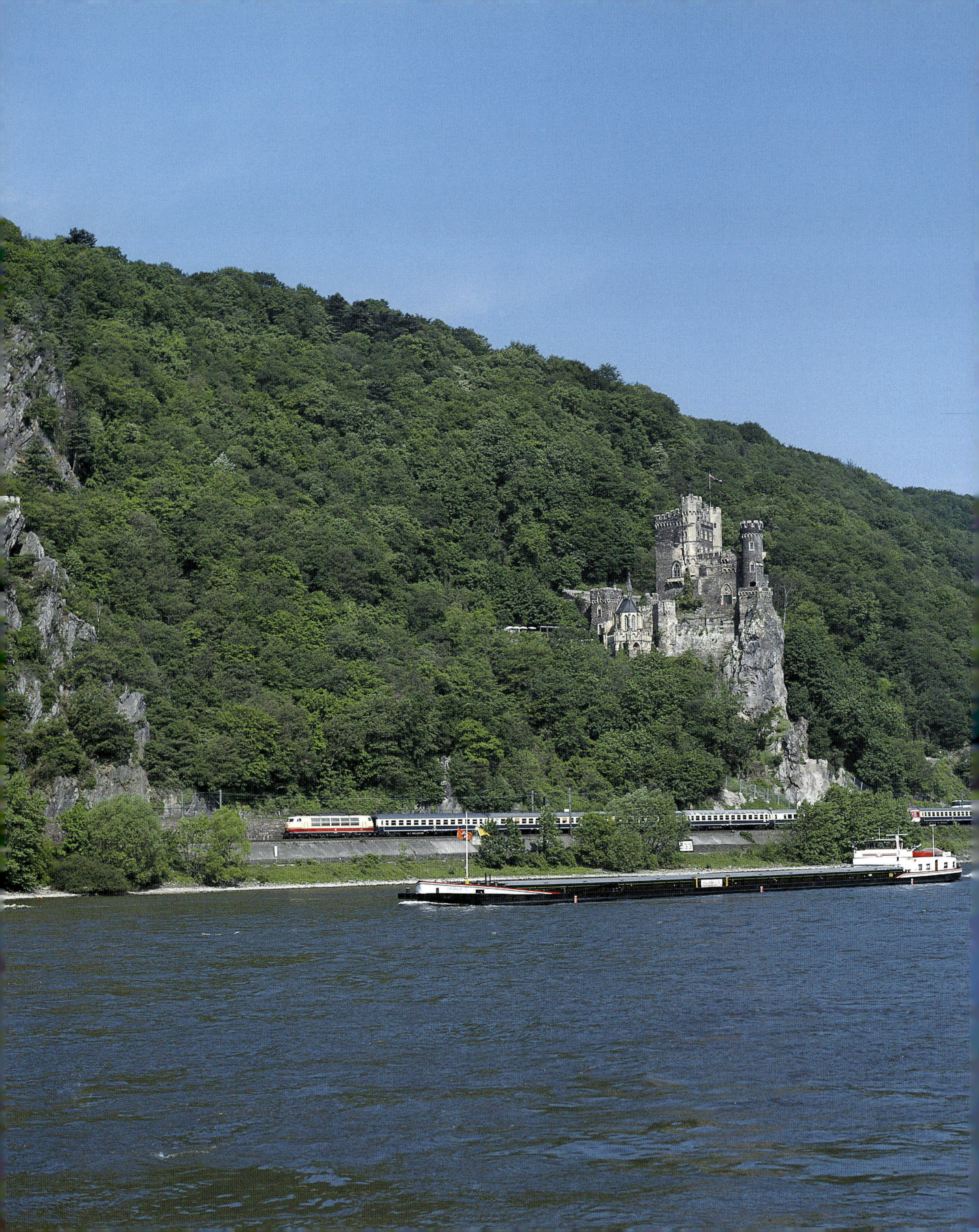

Linke Rheinstrecke

Gegenüber von Assmannshausen steht auf einem Felsvorsprung Burg Rheinstein, und unterhalb liegen die Gleise der Rheinstrecke. Der Erhalt des historischen Anwesens, wie so häufig bei derart geschichtsträchtigen Burgmauern, ist privatem Engagement zu verdanken. Auf Burg Rheinstein einmal zu nächtigen oder gar die angebotene Ferienwohnung für länger zu buchen – das hat was! Die Anreise ist zwar nicht mit dem InterCity, wie hier mit dem am 9. Mai 1993 vorbeieilenden IC 725 „Berchtesgadener Land" Hamburg – Berchtesgaden, möglich, aber immerhin mit der RegionalBahn bis zum Bahnhof Trechtingshausen. Dann allerdings verbunden mit dem obligaten 30-minütigen Fußmarsch.

Am Südrand von Trechtingshausen ist es die auf einem Felsmassiv stehende Burg Reichenstein, die zum Verweilen und Übernachten einlädt, oder aber dazu, einen unterhalb vorbeikommenden Zug im Bild festzuhalten. Mit zeitgemäßer Lackierung strebt die 120 129 am 21. April 1996 mit einem InterCity südwärts. Typisch für die orientrote Farbe war die unzureichende Lichtechtheit, die an der Sonne allzu schnell verblasste. Bei dieser Lok sehr schön am bereits an Farbintensität verlorenen Lack der Seitenwand auszumachen, bei gleichzeitig erfolgter Farbauffrischung im Bereich der Führerstände.

Eisenbahn am Mittelrhein – **Rhein, Ahr, Lahn und Mosel**

Rechte Rheinstrecke

Rechte Rheinstrecke

Neben den vielen mehr oder weniger intakten Burganlagen säumt das Rheintal auch so manche Burgruine, wie etwa die ehemalige Zollburg Ehrenfels bei Rüdesheim. Unterhalb der ehedem stattlichen Burg kommt am 28. Mai 2004 die 189 004 mit ihrem Güterzug gefahren. Die bei Siemens gebauten Maschinen der Baureihe 189 gehören derzeit zu den modernsten Lokomotiven im DB-Bestand, können sie doch unter Berücksichtigung länderspezifischer Komponenten, die als „Paket" nachgerüstet werden, in allen vier in Europa vorkommenden Bahnstromsystemen eingesetzt werden.

Foto linke Seite: Zwischen Stille und Lärm: Noch herrscht am Rhein diese beschauliche Ruhe vor dem Erwachen der Touristenströme, untermalt vom beruhigenden Tuckern langsamlaufender Schiffsdiesel, nur unterbrochen vom gelegentlichen Lärm eines vorbeikommenden Güterzuges. Der am Eingang des Oberen Mittelrheintals auf einer kleinen Insel inmitten der Fluten stehende Mäuseturm von Bingen lässt die einstige Bedeutung als Signal- und Wachturm der Zollstelle Ehrenfels noch heute erahnen. Ganz im Gegensatz zur Rheinschifffahrt, hat die Eisenbahn seit jeher freie Fahrt, wie nicht anders am 26. August 2000 die 140 350 mit ihrem Güterzug.

Foto Seite 172/173: Zwischen der Rüdesheimer Rheinpromenade und den Schiffsanlegeplätzen verlaufen die Gleise der stark befahrenen Rheinstrecke. Auf Höhe der berühmt-berüchtigten Drosselgasse wetteifern der Durchgangsgüterzug mit der 139 166 und die lärmenden Tagestouristen darum, wer nun das größere Ärgernis darstellt. Die vielen Züge, deren Lärmpegel das Wohlbefinden der Anwohner beeinträchtigt oder die trinkfesten Sportvereine und Kegelclubs, die grölend durch die Gassen ziehen und ordentlich Geld in die Kassen des örtlichen Gewerbes spülen? Ein weiteres Ärgernis ist die oft stundenlang geschlossene Bahnschranke am Bahnhof auf der parallel verlaufenden Bundesstraße, die den motorisierten Touristenstrom allzu oft ins Stocken bringt. Auf absehbare Zeit könnte sich die Situation jedoch entspannen, ein Eisenbahntunnel und eine Umgehungsstraße sollen für Abhilfe sorgen, womit im weinseligen Rüdesheim per se mehr Ruhe einkehren würde. Wann (und ob überhaupt) der Startschuss für das an sich spruchreife Projekt fällt, hängt vom „Nutzen-Kosten-Verhältnis" ab, so jedenfalls die Verlautbarung unseres amtierenden Verkehrsministers. Die Germania des oberhalb der Stadt gelegenen Niederwalddenkmals wird derweil darüber wachen, dass das Projekt nicht womöglich doch im Sande verläuft.

Eisenbahn am Mittelrhein – **Rhein, Ahr, Lahn und Mosel**

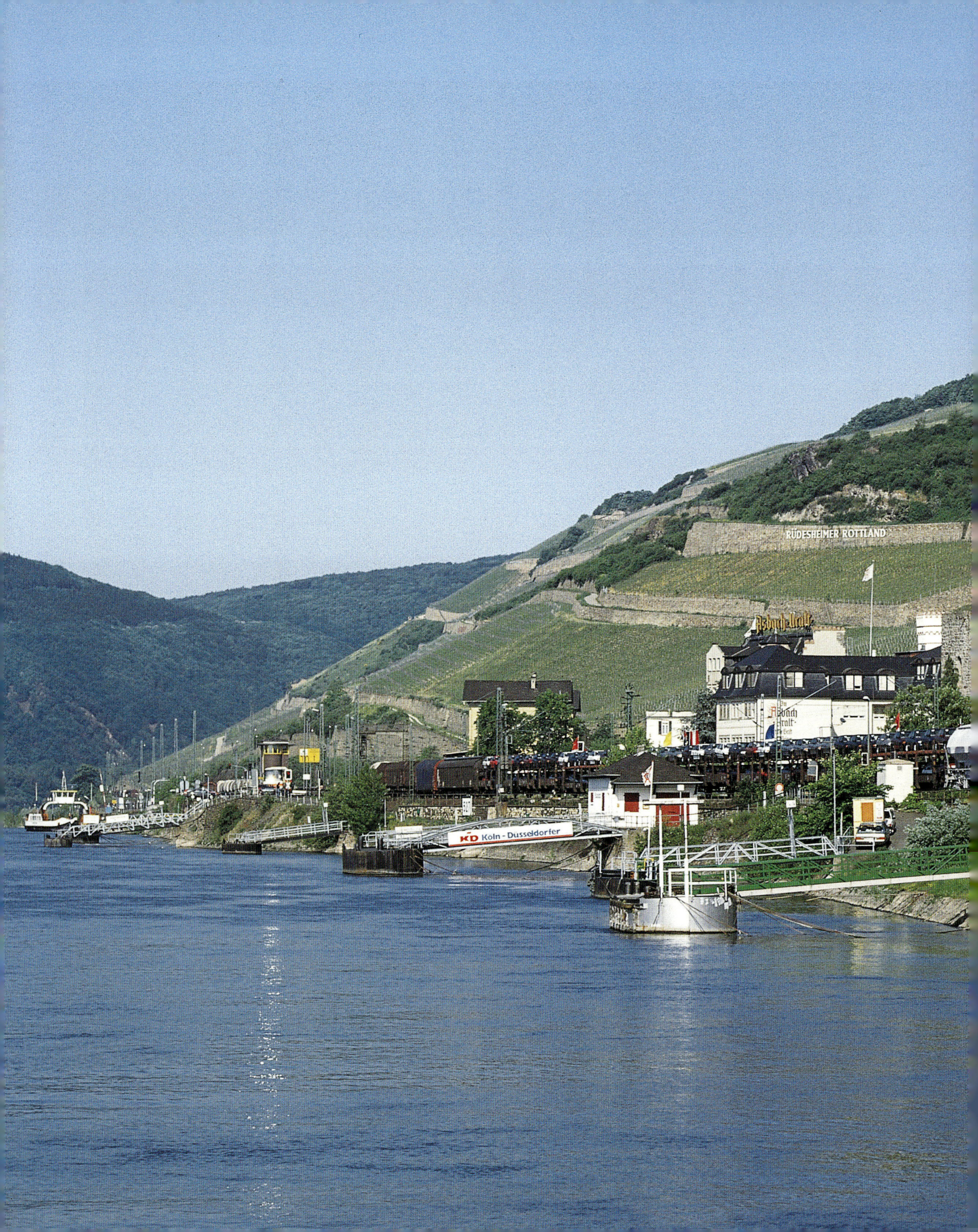
RÜDESHEIMER ROTTLAND
KD Köln - Dusseldorfer

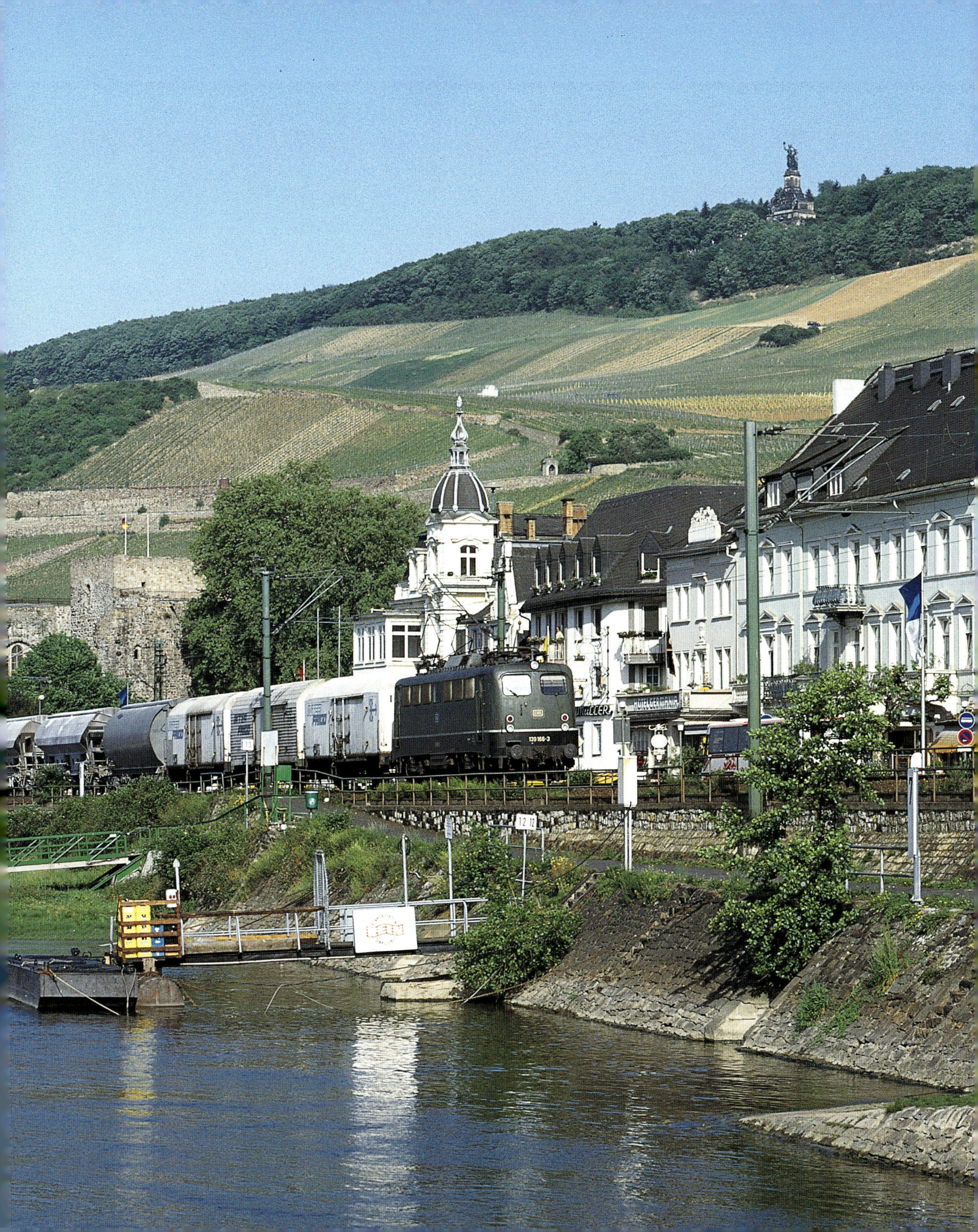
139 166-3
HOTEL GERMANIA

Zwischen Eifel und Hunsrück

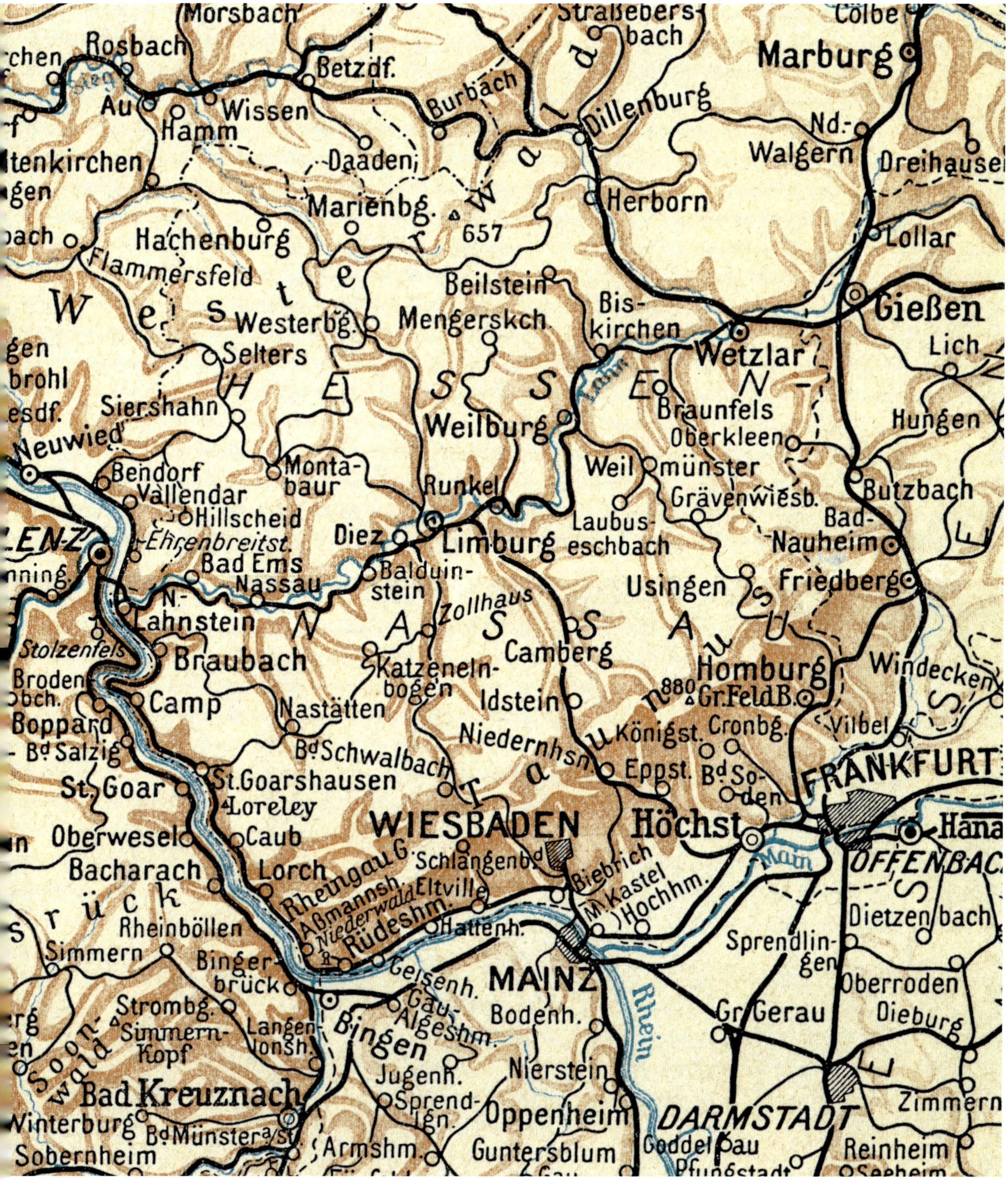
Morsbach
Rosbach
Au
Hamm
Wissen
Betzdf.
Burbach
Daaden
Straßebersbach
Dillenburg
Marburg
Colbe
Nd.-Walgern
Dreihausen
Marienbg.
657
Herborn
Lollar
Hachenburg
Flammersfeld
Beilstein
Gießen
Westerbg.
Mengerskch.
Biskirchen
Wetzlar
Lich
Selters
Siershahn
Weilburg
Braunfels
Hungen
Neuwied
Oberkleen
Bendorf
Vallendar
Montabaur
Runkel
Weilmünster
Butzbach
Hillscheid
Ehrenbreitst.
Diez
Limburg
Laubuseschbach
Grävenwiesb.
Bad-Nauheim
Bad Ems
Nassau
Balduinstein
Usingen
Friedberg
N.-Lahnstein
Zollhaus
Stolzenfels
Braubach
Katzenelnbogen
Camberg
Homburg
Windecken
Camp
Nastätten
Idstein
880
Gr.FeldB.
Boppard
Niedernhsn.
Königst.
Cronbg.
Vilbel
Bd Salzig
Bd Schwalbach
Eppst.
Bd Soden
St. Goar
St. Goarshausen
Loreley
FRANKFURT
Oberwesel
Caub
WIESBADEN
Höchst
Hanau
Bacharach
Lorch
Schlangenbd.
Biebrich
OFFENBACH
Rheingau
Aßmannsh.
Eltville
M. Kastel
Hochhm.
Niederwald
Rüdeshm.
Hattenh.
Dietzenbach
Rheinböllen
Simmern
Bingerbrück
Geisenh.
MAINZ
Sprendlingen
Oberroden
Main
Rhein
Lahn
Strombg.
Simmern-Kopf
Langenlonsh.
Bingen
Gau-Algeshm.
Bodenh.
Gr. Gerau
Dieburg
Soonwald
Bad Kreuznach
Jugenh.
Sprendlgn.
Nierstein
Oppenheim
Zimmern
Winterburg
Bd Münster a/St.
Armshm.
Guntersblum
DARMSTADT
Goddelau
Reinheim
Sobernheim
Pfungstadt
Seeheim
WESTERWALD
HESSEN
NASSAU
TAUNUS

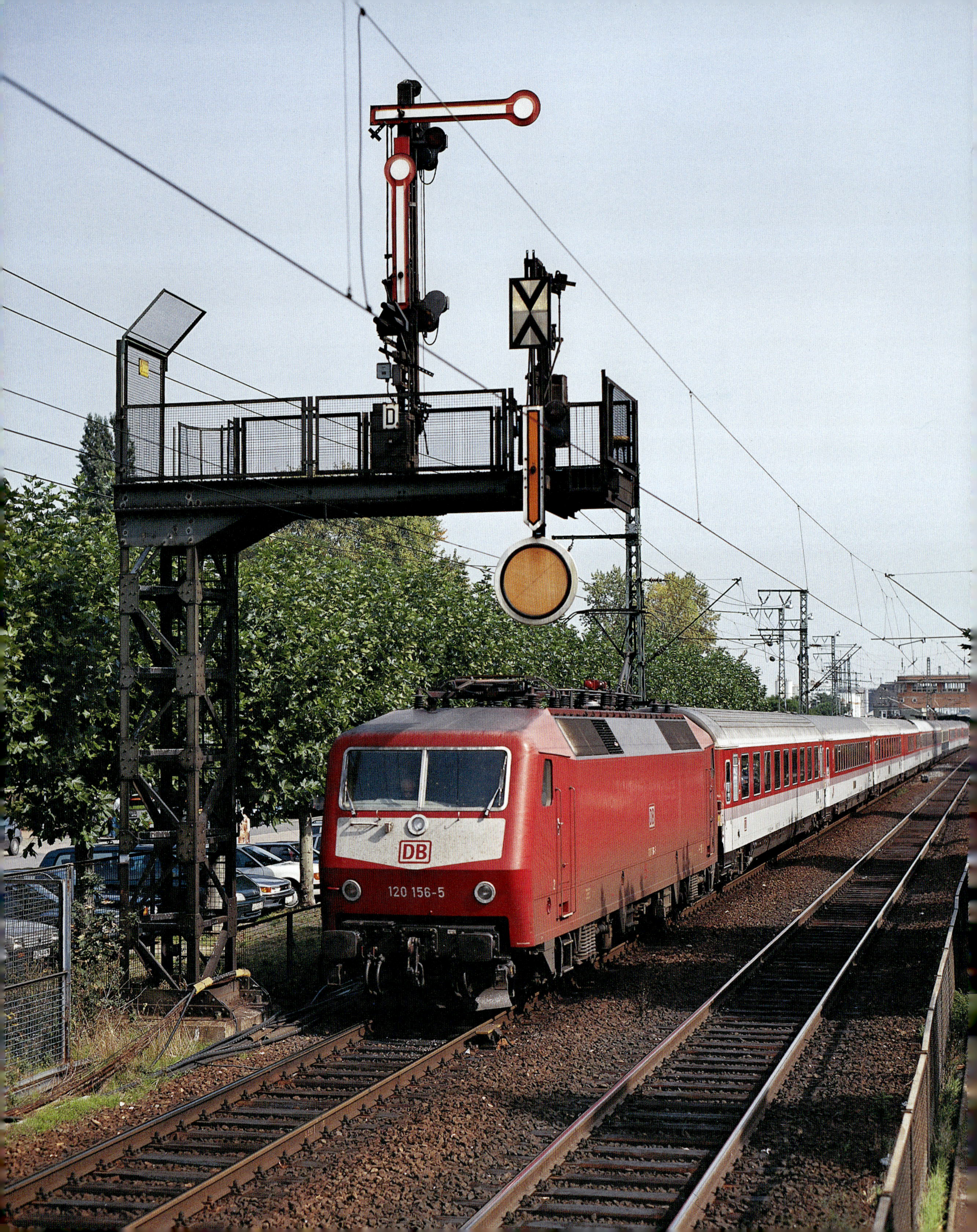
DB
120 156-5